सतरंगी भाषा

सतरंगी भाषा

AVIAN WE

वाणी प्रकाशन

सतरंगी वाणी
LGBTQ+ Imprint

RAINBOW LIT FEST
Queer & Inclusive

4695, 21-ए, दरियागंज, नयी दिल्ली 110 002

फ़ोन : +91 11 23273167 फ़ैक्स : +91 11 23275710

शाखाएँ

अशोक राजपथ, पटना 800 004, बिहार
कॉफ़ी हाउस कैम्पस, महात्मा गांधी मार्ग, इलाहाबाद 211 001, उत्तर प्रदेश
महात्मा गांधी अन्तरराष्ट्रीय हिन्दी विश्वविद्यालय, वर्धा 442 001, महाराष्ट्र
36/ए, शेक्सपीयर सरणी, रानी बिरला गर्ल्स कॉलेज के पास, कोलकाता 700 017, पं. बंगाल

www.vaniprakashan.com
marketing@vaniprakashan.in
sales@vaniprakashan.in

Satrangi Bhasha
by Avian WE

ISBN : 978-81-962190-5-5
Social Science/Gender Studies/Sexuality Studies

मूल्य : ₹ 199

सिटी प्रेस, दिल्ली-110 095 में मुद्रित

वाणी प्रकाशन का लोगो मक़बूल फ़िदा हुसेन की कूची से

यह पुस्तक
सभी जेंडर और यौन पहचान के
लोगों को समर्पित है

अनुक्रम

लघुरूप

एड्स	अक्वायर्ड इम्यूनोडेफिशिएंसी सिंड्रोम
APA	अमेरिकन साइकोलॉजिकल एसोसिएशन
CDC	रोग नियन्त्रण और रोकथाम के लिए केन्द्र
DB	Distance Between (के बीच अन्तर)
DSG	Diverse Sex & Gender (विविध जेंडर और यौनिकता)
FtM/F2M	महिला-से-पुरुष
GCS	जेंडर पुष्टीकरण सर्जरी
GP	सामान्य जनसंख्या
GSM	जेंडर और यौन अल्पसंख्यक
HIV	मानव इम्यूनोडेफिशिएंसी वायरस
HRC	मानवाधिकार आयोग
HRG	उच्च जोखिम समूह
ICMR	इंडियन काउंसिल ऑफ़ मेडिकल रिसर्च
ICRW	महिलाओं पर अनुसन्धान के लिए अन्तर्राष्ट्रीय केन्द्र
ISEAN	दक्षिण पूर्व एशिया नेटवर्क के द्वीप समूह
LGBTQ	लेस्बियन, गे, बाइसेक्शुअल, ट्रांसजेंडर और क्वियर

LSDA	लर्निंग एंड स्किल्स डेवलपमेंट एजेंसी
MAP	आन्दोलन उन्नति परियोजना
MSM	पुरुष जो पुरुषों के साथ यौन सम्बन्ध रखते हैं
MtF/M2F	पुरुष से महिला
MWCD	महिला मन्त्रालय
NACO	राष्ट्रीय एड्स नियन्त्रण संगठन
ONS	राष्ट्रीय सांख्यिकी के लिए कार्यालय
OSF	ओपन सोसाइटी फाउंडेशन
QUT	क्वींसलैंड प्रौद्योगिकी विश्वविद्यालय
SBCC	सामाजिक और व्यवहार परिवर्तन संचार
SCCADVASA	South Carolina Coalition Against Domestic Violence and Sexual Assault. (घरेलू और यौन हिंसा के ख़िलाफ़ दक्षिण कैरोलिना गठबन्धन)
SOGIE	यौन अभिविन्यास, जेंडर पहचान और अभिव्यक्ति
STI	यौन संचारित संक्रमण
TGNC	ट्रांसजेंडर ग़ैर-अनुरूपता
TOI	टाइम्स ऑफ़ इंडिया
UCDVIS	यूनिवर्सिटी ऑफ़ कैलिफोर्निया, डेविस
UCSB	यूनिवर्सिटी ऑफ़ कैलिफोर्निया, सान्ता बारबरा
UNAIDS	एचआईवी और एड्स पर संयुक्त राष्ट्र कार्यक्रम
UNICEF	संयुक्त राष्ट्र बाल कोष यूक्यू यूनिवर्सिटी ऑफ़ क्वींसलैंड
USCIS	यूनाइटेड स्टेट्स सिटिजनशिप एंड इमिग्रेशन सर्विसेज
WASH	वाटर, सेनिटेशन एंड हाइजीन
WHO	विश्व स्वास्थ्य संगठन।

आभार

सतरंगी भाषा उन व्यक्तियों और संगठनों के प्रयास का परिणाम है जो एक निष्पक्ष और न्यायसंगत दुनिया बनाने की कोशिश कर रहे हैं। एवियन वी अपने सतरंगी सफर के साथियों के आभारी हैं :

रिहान मोहम्मद, जिन्होंने पूरे दिल से शब्दावली के उपयोग पर शोध किया और इस किताब का पहला प्रलेख तैयार किया।

शाऊली चक्रबोर्ती, निर्देशक, स्वस्ति, जिन्होंने अपनी विशेषज्ञता से इस किताब को संवेदनशीलता के अनुरूप बनाया।

मैस्नाम अर्नपाल, एसिस्टेंट प्रोफेसर, दिल्ली विश्वविद्यालय, जिन्होंने कई दिन तक किताब का आकलन किया और उसमें साहित्यक और क्वीर दृष्टिकोण के पैमाने जोड़े।

क्यूनिट, जिन्होंने सतरंगी भाषा का सटीकता और संवेदनशीलता से हिंदी अनुवाद किया।

दिया सेनगुप्ता, जिनकी कलाकृति ने किताब को एक ऐसी जान दी जिससे हमारे उद्देश्य का एक प्रभावशाली निरूपण हो पाया।

फेडरेशन ऑफ इंडियन चैम्बर्स ऑफ कॉमर्स एंड इंडस्ट्री (FICCI), कार्यस्थल समावेशन के बड़े उद्देश्य को ध्यान में रखते हुए, उन्होंने अपना कीमती समय और असीमित समर्थन हमें दिया।

रेनबो लिट् फेस्ट-क्वीर और इंक्लूसिव, जिन्होंने हमारी सतरंगी यात्रा के साथी और मार्गदर्शक बन कर हमें उन लोगों से परिचित कराया जिनके समर्थन से सतरंगी भाषा ने अपना अंतिम रूप लिया।

एवियन वी सोशल इम्पैक्ट टीम के सदस्यों, जिन्होंने पूरे उत्साह के साथ इस पहल को अंजाम दिया।

'सचेतता' से बोलने की यात्रा

सन् 2008 में, हमने, विविधता (Diversity) और समावेश (Inclusion) पर ध्यान केन्द्रित करने वाली विकास एजेंसियों, ग़ैर-सरकारी संगठनों, ब्रांडों और प्लेटफार्मों में चलने वाले सामाजिक विकास कार्यक्रमों के लिए संचार और जुड़ाव नीतियों के निर्माण का काम शुरू किया। इसने हमें एक ऐसे स्थान पर पहुँचाया, जहाँ हमने सीखा कि जीवन कितना विविध हो सकता है और यह भी कि 'पहचान' क्या है, इसका व्यक्तिगत महत्त्व क्या है और 'अन्य' होने का क्या अर्थ है।

जैसे-जैसे हम ग्राहकों के लिए इस बाहरी दुनिया से जुड़ते गये, हम यह जान गये कि बाहर के लिए बदलाव भीतर से आना होगा– हमें हमारी संस्था के भीतर के 'स्वयं' को, अर्थात् हमारे कार्यालयों के ही लोगों के बारे में सोचना होगा। इसने हमें LGBTQIA+समुदाय की सहायता से जगरूकता लाने वाले अनेक कार्यक्रम चलाने के लिए प्रेरित किया, जिसमें सिमरन शेख (ट्रांस एक्टिविस्ट); मोना बलानी (एचआईवी/एड्स कार्यकर्ता); शरीफ़ डी रांगणेकर (आन्दोलक व गायक); गौतम यादव (युवा LGBTQI समुदाय के भारतीय आइकन और UNAIDS युवा सलाहकार मंच के सदस्य); और रुद्रानी छेत्री (ट्रांसजेंडर कार्यकर्ता और MITR ट्रस्ट के संस्थापक) शामिल थे। हमें Gaylaxy मैगज़ीन के पहले क्वियर

कैलेंडर के लांच को और बाद में रेनबो लिट फेस्ट–जो भौतिक और डिजिटल, दोनों रूपों में क्वियर समावेशी है, उसे भी सहायता करने का अवसर मिला, जिससे हमारी सीखने की प्रक्रिया में नये आयाम जुड़ते गये।

इन नेताओं के साथ बातचीत करते हुए और लिंग, सार्वजनिक स्वास्थ्य और वंचित समुदायों के अधिकारों से सम्बन्धित मुद्दों का मुक़ाबला करते हुए, 'एवियन वी' के भीतर एक अहसास पैदा हुआ कि शब्दावली के ग़लत उपयोग के हानिकारक प्रभाव हो सकते हैं। हमने सीखा कि ये प्रभाव बरसों के सामाजिक परिवर्तन और अनजान पूर्वाग्रहों के परिणाम हैं, जो सामाजिक सद्भाव में बाधा डालते हैं।

हमने ख़ुद से पूछा–इन पूर्वाग्रहों का मुक़ाबला करने के लिए हम क्या क़दम उठा सकते हैं? विभिन्न संस्कृतियों, क्षेत्रों और भाषाओं से जुड़ी एक संचार परामर्श कम्पनी होने के कारण हम संचार और भाषा के महत्त्व और मानसिकता, परिवेश और व्यक्ति पर उनके प्रभावों से वाकिफ़ हैं। इसी, 'संचार की शक्ति' नामक विचार ने हमें "सचेतता से बोलना" कार्यक्रम के लिए प्रेरित किया। यह एक ऐसा प्रयास है, जो बदलती धाराओं के सागर में एक बूँद जोड़ता है, हमारे एक दूसरे के साथ जुड़ाव को बेहतर करता है।

परिचय

शब्द महत्त्वपूर्ण होते हैं। वे इस्तेमाल करने वाले व्यक्तियों के मूल्यों और ज्ञान को दर्शाते हैं और दूसरों के प्रति नकारात्मक तथा सकारात्मक धारणाओं को दृढ़ करते हैं। भाषा तटस्थ नहीं होती है। सर्वसमावेशी भाषा अद्वितीय मूल्य, कौशल, दृष्टिकोण, अनुभव, संस्कृति, क्षमता और व्यक्तियों या समूह के अनुभवों को स्वीकार करती है। अपमानजनक या भेदभावपूर्ण भाषा व्यक्तियों या समूह को कम आँकती है, उन्हें अपमानित करती है और रूढ़िवादिता और असमानता को क़ायम रखती है और इसका सबसे बदतर परिणाम है नफ़रत या बदनामी को उकसाना। भेदभावपूर्ण भाषा और दृश्य, वंचित या कम प्रतिनिधि लोगों को अनदेखा, बहिष्कृत करके उन्हें अदृश्य करते हैं।

यह पुस्तक किस लिए ?

हम अपनी रोज़ाना बातचीत में, प्रकाशन के लिए किये लेखन में और वैधानिक लेखन में जिस शब्दावली का उपयोग करते हैं, वह बहुत मायने रखती है, क्योंकि हमारी समस्याओं की समझ को, मुद्दों की प्राथमिकताओं को और प्रतिक्रियाओं को वह प्रभावित करती है। भाषा और संज्ञाओं के असंगत उपयोग से एक ही मुद्दे पर असंगत क़ानून और नीतिगत प्रतिक्रियाएँ आ सकती हैं। हम देखते हैं कि विभिन्न शब्दावली के उपयोग को लेकर काफ़ी भ्रम है।

यहाँ तक कि जहाँ समान शब्दों का उपयोग किया जाता है, वहाँ अक्सर उनके वास्तविक अर्थ पर असहमति होती है, जिसके कारण विभिन्न कार्यों या स्थितियों को दर्शाने के लिए एक ही शब्द का अयोग्य उपयोग किया जाता है।

इससे नीति विकास और कार्यक्रम, क़ानून के विकास और डेटा संग्रहण में बड़ी चुनौतियाँ पैदा हुई हैं। अयोग्य प्रतिक्रियाओं और प्रभावों को नापने या लक्ष्य निर्धारित करने के तरीक़े सीमित या प्रभावहीन हो गये हैं।

इसके अलावा भाषा और संज्ञाओं के उपयोग में भ्रम के कारण अन्तर-सरकारी और अन्तर-विभागीय कार्रवाई में पक्षसमर्थन का काम ख़राब और कमज़ोर हो सकता है। विभिन्न भाषाओं में शब्दों के अनुवाद से और भी चुनौतियाँ सामने आती हैं। उनके अर्थ की स्पष्ट वैचारिक समझ और सहमति के बिना, कई भाषाओं में शब्दों का सटीक रूप से अनुवाद करना एक कठिन और गहन कार्य बन जाता है। *(ग्रीजर और डोक, 2016)*

भेदभावपूर्ण भाषा और प्रस्तुतीकरण व्यक्तियों या लोगों के समूहों को परेशान करके उनका अवमूल्यन या अवमान करते हैं, व्यक्तिगत विशेषताओं को पूर्वाग्रही या अवमानकारक तरीक़े से उजागर करते हैं और इसका परिणाम उत्पीड़न या बहिष्कार हो सकता है। (क्यूयूटी, 2010) अत: आम समझ के लिए अलग-अलग परिवेशों में ऐसी शब्दावली का उपयोग करना आवश्यक हो जाता है, जो विभिन्न लोगों को समावेशी और भेदभावरहित तरीक़े से सम्बोधित करे।

इस पुस्तक के बारे में

यह पुस्तक उन डोमेन और व्यवसायों में आम समझ रखने के उद्देश्य से लिखी गयी थी, जहाँ शब्दावली का उपयोग महत्त्वपूर्ण

होता है। इस पुस्तक में निम्नलिखित विषयों में सबसे अधिक उपयोग की जाने वाली शब्दावली शामिल है –

- जेंडर
- लिंग
- यौनिकता

पुस्तक की संरचना

- यह पुस्तक विभिन्न परिवेशों में शब्दावली का उपयोग करने के लिए कुछ बुनियादी सिद्धान्तों को स्थापित करती है।
- यह पुस्तक प्रत्येक विषयवस्तु को पर्याप्त रूप से दर्शाने का प्रयास करती है, ताकि उसके अन्तर्गत शब्दावली के उपयोग की पृष्ठभूमि तैयार हो सके।
- इस पुस्तक का उद्देश्य है, निर्धारित विषयों में व्यापक अन्वेषण से सुनिश्चित की जाने वाली समावेशी शब्दावली की एक सूची प्रदान करना।
- यह पुस्तक दी गयी शब्दावली के उपयोग में चेतावनियों को भी दर्शाती है।

शब्दावली का उपयोग करने के सिद्धान्त

धारणा न बनाएँ

जब उचित हो, लोगों से उनकी पसन्दीदा भाषा पूछें और उनकी पसन्द का सम्मान करें। रूढ़ियों या सीमित जानकारी के आधार पर लोगों या उनकी विशेषताओं के बारे में धारणा न बनाएँ।

अपनी भाषा के निहितार्थों के प्रति सचेत रहें

अपनी पसन्द की भाषा से दूसरों को वर्जित करने या अदृश्य बनाने से बचें। ऐसी भाषा और अभिव्यक्ति से बचें, जो दूसरों को नीचा या तुच्छ दिखाती हैं।

लोगों को ख़ुद के लिए बोलने में सशक्त बनाएँ

जब सम्भव हो, लोगों को ख़ुद के लिए बोलने के लिए सशक्त बनाएँ। फिर भी, अगर आपको लोगों की ओर से बोलना पड़े, तो उनसे परामर्श करके यह सुनिश्चित करें कि उनको पूरी तरह से प्रतिबिम्बित करने वाली भाषा का ही आप उपयोग कर रहे हैं।

पूर्वाग्रहों और मिथकों का निर्देश करें और हटाएँ

यदि कोई आपकी उपस्थिति में अनुचित भाषा का प्रयोग करता है। तो उस भाषा की आदरपूर्वक समीक्षा करें और यदि सुरक्षित हो, उसे सही करें। (UQ, n.d.)

दिल खुला रखें

जिसे आपने हमेशा 'सामान्य', 'सम्मानजनक' और 'उचित' समझा है, ऐसी भाषा को बदलने के लिए तैयार रहें। आपका परफेक्ट होना आवश्यक नहीं, सीखने के लिए खुले दिल का होना ज़रूरी है।

शंका हो तो पूछें

यदि आपको निश्चित पता नहीं है कि किसे कौन-सा शब्द पसन्द है, तो उससे पूछें ! उस व्यक्ति से या सम्पर्क संस्थाओं से पूछें, जो उस समूह को बनाते हैं या प्रतिनिधित्व करते हैं (आरएमआईटी, एनडी)।

इस पुस्तक का उपयोग कैसे करें

इस पुस्तक में ऐसे शब्द हैं, जो पेशेवर और अन्तर्राष्ट्रीय एजेंसियाँ आमतौर पर अपने काम में इस्तेमाल करती हैं। हर एक शब्द का अर्थ और अवधारणा या सन्दर्भ उस शब्द और उसके उपयोग को समझने के लिए सामान्य आधार भी बनाने के लिए स्पष्ट किया गया है। जहाँ किसी शब्द के प्रयोग में सावधानी बरतने की आवश्यकता हो, वहाँ यह दर्शाया गया है। अन्तर्राष्ट्रीय या क्षेत्रीय क़ानूनी व्यवस्था में पहले से ही परिभाषित शब्द के लिए ऐसी परिभाषा शामिल की गयी है।

किसी भी शब्द का सही ढंग से उपयोग करने के लिए उसके सन्दर्भ, अवधारणा, उपयोग और सावधानियों की पूरी समझ अनिवार्य है। इसलिए यह पुस्तक 'सही' और 'ग़लत' का सुझाव नहीं देती। इसके बजाय यह पुस्तक शब्द के उपयोग, अवधारणा, सन्दर्भ और सावधानियों के बारे में समझ बनाते हुए उसके सही उपयोग का निर्णय पाठकों के लिए छोड़ देती।

हमें उम्मीद है कि यह पुस्तक आपके लिए एक बहुमूल्य साधन का काम करेगी। हमारा सुझाव है कि आप इसका सख़्ती से पालन करने के बजाय इसे एक मार्गदर्शक के रूप में उपयोग करें। सावधान रहें कि धारणा न बनाएँ। सबसे अच्छा तरीक़ा यह है कि आप अपने लोगों को सुनें–वे अपने और अपने जीवन के वर्णन के लिए किन

शब्दों का उपयोग करते हैं, वे किन सर्वनामों का उपयोग करते हैं, वे अपनी ज़रूरतों को बताने के लिए किन शब्दों का उपयोग करते हैं आदि। यदि आपको ठीक से पता नहीं है कि किन शब्दों का उपयोग करना है, तो उनसे खुलकर पूछें कि वे कौन-से शब्द पसन्द करेंगे। हमेशा याद रखें कि प्रश्न पूछकर और ध्यान से सुनकर आप एक दिल खुला रवैया व्यक्त करेंगे, जिससे लोग स्वीकार्य और सहज महसूस करेंगे।

भाषा, धारणाओं और सामाजिक रीति-रिवाजों की निरन्तर बदलती प्रकृति को देखते हुए, इस पुस्तक में शामिल शब्दावली की नियमित आधार पर समीक्षा करने की आवश्यकता हो सकती है।

जेंडर, लिंग और यौनिकता

कई बार सार्वजनिक डोमेन में पाये गये लेख और चित्रों से स्पष्ट होता है कि किसी समुदाय या संस्कृति में यौनिकता, लिंग और जेंडर को किस तरह से समझा गया है। उदाहरण के लिए, कुछ समुदायों या क्षेत्रों के विज्ञापन आमतौर पर महिला को परिवार सँभालने के लिए 'अच्छी गृहिणी' या पुरुष को किसी वस्तु को बेचने के लिए सशक्त दिखाते हैं।

चित्र मूल्यों या नैतिक दृष्टिकोणों का प्रतिनिधित्व करते हैं। उदाहरण के लिए, 'मर्दों को कैसे पाएँ' यह बताने वाले लेख या चित्र यह ध्वनित करते हैं कि सभी महिलाएँ पुरुषों के साथ रहना चाहती हैं, अकेले या अन्य महिलाओं के साथ नहीं रहना चाहतीं और एक मर्द को पाने के लिए उन्हें एक ख़ास सामाजिक मानक के अनुरूप होना ज़रूरी है। ऐसे चित्रों का मूल्यमापन उनके प्रति लोगों के रवैये और परिप्रेक्ष्य के अनुसार किया जाता है। जैसे, विज्ञापन में कम कपड़े पहनी हुई महिला की तस्वीर कुछ लोगों को अनुचित या असभ्य लग सकती है, लेकिन दूसरों को वही तस्वीर कलात्मक या कामुक लग सकती है।

जेंडर

किसी विशिष्ट समय में और सामाजिक परिवेश में पुरुष/मर्दाना अथवा महिला/ज़नाना होने से सम्बन्धित आर्थिक, सामाजिक और

सांस्कृतिक गुण और अवसरों को 'जेंडर' कहते हैं। (राष्ट्रीय एड्स नियन्त्रण संगठन–नाको, 2014)

विश्व स्वास्थ्य संगठन के अनुसार, 'जेंडर' सामाजिक रूप से महिलाओं और पुरुषों की विशेषताएँ यानी धारणाएँ, भूमिकाएँ, परस्पर सम्बन्ध आदि का निर्देश करता है। ये विशेषताएँ हर समाज में भिन्न होती हैं और बदली जा सकती हैं।

जेंडर की अवधारणा में पाँच महत्त्वपूर्ण अंश शामिल हैं– सम्बन्धपरक, पदानुक्रमित, ऐतिहासिक, प्रासंगिक और संस्थागत। अधिकांश लोग या तो पुरुष या महिला पैदा होते हैं और उन्हें सही मानदण्ड और व्यवहार सिखाये जाते हैं। इसमें उन्हें उनके तथा विपरीत लिंग के लोगों से घरों, समुदायों और कार्यस्थलों में कैसे बातचीत करनी चाहिए, यह भी शामिल होता है। जब कोई व्यक्ति या समूह स्थापित जेंडर मानदण्डों में मेल नहीं खाता, उन्हें अक्सर कलंक, भेदभाव या सामाजिक बहिष्कार का सामना करना पड़ता है– जिसका उनके स्वास्थ्य पर प्रतिकूल प्रभाव होता है। *(विश्व स्वास्थ्य संगठन, 2011)*

सामान्य उपयोग में 'जेंडर' शब्द अक्सर नर और मादा के बीच के यौन भेद को निर्देश करता है।

विभिन्न समाजों में पुरुषों और महिलाओं के आपसी और परस्पर सम्बन्धों को 'जेंडर' कहा जाता है– ये व्यवहार पुरुषों और महिलाओं की सामाजिक रूप से निर्मित भूमिकाओं के लिए उचित माने जाते हैं।

पुरुष या महिला होने से जुड़े हुए आर्थिक, राजनीतिक, सांस्कृतिक गुण और अवसरों को भी जेंडर कहा जाता है। पुरुष या महिला होने का क्या अर्थ है, इसकी सामाजिक परिभाषाएँ संस्कृति और समय के साथ बदलती रहती है। 'जेंडर' सामाजिक रूप

से निर्मित भूमिकाएँ और सम्बन्ध, व्यक्तित्व लक्षण, दृष्टिकोण, व्यवहार, मूल्य, सापेक्ष शक्ति और प्रभाव को निर्देशित करता है, जो अलग-अलग आधार पर दो लिंगों का वर्णन करता है। 'जेंडर' एक पायी हुई पहचान है, जो सीखी जाती है और समय के साथ व्यापक रूप से भिन्न संस्कृतियों के भीतर और पार बदलती रहती है। 'जेंडर' परस्पर सम्बन्ध पर आधारित है और केवल महिलाओं या पुरुषों को ही नहीं, बल्कि उनके परस्पर रिश्ते को निर्दिष्ट करता है। *(यूनाइटेड स्टेट्स एजेंसी फॉर इंटरनेशनल डेवलपमेंट, 2007)*

लिंग (सेक्स)

जन्म के समय मौजूद, महिला और पुरुष के बीच के जैविक भेद को 'लिंग' कहा जाता है। इसमें शरीर रचनात्मक भेद–जैसे, योनि या लिंग की उपस्थिति, आनुवंशिक भेद–जैसे, व्यक्ति का क्रोमोज़ोमल मेकअप या शारीरिक क्रियात्मक भेद–जैसे, मासिक धर्म और शुक्राणु उत्पादन आदि शामिल हैं। 'सेक्स' शब्द का उपयोग, शिश्न योनि प्रवेश, मुख मैथुन, गुदमैथुन, हस्तमैथुन, चुम्बन आदि का वर्णन करने के लिए भी किया जा सकता है। *(तार्शी 2006)*

'जेंडर' और 'लिंग' इन शब्दों में अक्सर सम्भ्रम होता है। 'लिंग' शब्द आमतौर पर जीव विज्ञान और शरीर रचना विज्ञान के आधार पर पुरुष और महिला के शरीर का निर्देश करता है, जबकि 'जेंडर' शब्द समाज में पुरुषों, महिलाओं से अपेक्षित गुणों और व्यवहारों का निर्देश करता है।

यौनिकता

यौनिकता मानव जीवन का एक केन्द्रीय पहलू है, जिसमें लिंग, जेंडर पहचान और भूमिकाएँ, यौन अभिविन्यास, कामुकता, आनन्द, अन्तरंगता और प्रजनन शामिल होते हैं। यौनिकता विचारों,

कल्पनाओं, इच्छाओं, विश्वासों, दृष्टिकोण, मूल्य, व्यवहार, भूमिकाओं और सम्बन्धों से व्यक्त होती, जबकि यौनिकता में ये सभी आयाम शामिल हैं। ये सभी हमेशा अनुभव या व्यक्त नहीं होते हैं। यौनिकता पर जैविक, मनोवैज्ञानिक, सामाजिक, आर्थिक, राजनीतिक, सांस्कृतिक, नैतिक, क़ानूनी, ऐतिहासिक, धार्मिक, आध्यात्मिक आदि से प्रभावित होती है। *(विश्व स्वास्थ्य संगठन 2016)*

नीचे दिये गये शब्द आमतौर पर जेंडर, लिंग और यौनिकता के विषय में उपयोग किये जाते हैं। यह परिपूर्ण नहीं है। इन शब्दों पर लगातार चर्चा और समीक्षा की जा रही है। ये शब्द जिनके लिए जिस तरह से इस्तेमाल किये जाते हैं, उन लोगों को प्रभावित करते हैं। कुछ लोग इनमें से किसी का भी उपयोग न करना पसन्द कर सकते हैं या एक पहचान से दूसरी पहचान में जाना पसन्द कर सकते हैं। आखिरकार, इस तरह की शब्दावली के उपयोग की विशालता, विविधता को समझना और पहचानना महत्त्वपूर्ण है।

शब्दावली

1. पुरुष/आदमी/लड़का, औरत/महिला/लड़की

परम्परागत रूप से आदमी, मानव जाति, प्रवक्ता, अध्यक्ष, कारीगरी, आदि में पुरुष और जनशक्ति, नर्स, मिड-वाइफ आदि जैसे व्यवसायों में स्त्री अर्थ होते हैं, जिन्हें लिंग तटस्थ शब्दों से बदल दिया गया है। (उदाहरण बाद में देखें)

इसी तरह पुलिसमैन, पोस्टमैन, चेयरमैन, सेल्समैन, कैमरामैन, वेटर या वेट्रेस, देवियों और सज्जनों जैसे शब्द लिंग विभाजन को मज़बूत करते हैं और दूसरों को अदृश्य करते हैं।

परिभाषा/अवधारणा/सन्दर्भ

हिन्दी भाषा में 'उनका' शब्द का प्रयोग पुरुषों के लिए और 'उनकी' शब्द का प्रयोग महिलाओं के लिए किया जाता है। लेकिन कुछ लोग न तो लिंग के रूप में पहचान करते हैं, न ही दोनों - यही कारण है कि गैर-द्विआधारी सर्वनामों जैसे 'वे', 'उन्हें', 'उनके' आदि का उपयोग करना महत्त्वपूर्ण है। *(बीबीसी, 2015 ए)*

कुछ ट्रांसजेंडर और लिंग-निर्विशेष वाले लोग खुदे के लिए लिंग-तटस्थ या लिंग-समावेशी सर्वनाम पसन्द कर सकते हैं। 'वे' और 'उनके' को कभी-कभी लिंग-तटस्थ एकवचन सर्वनाम (एपीए, एनडी) के रूप में उपयोग किया जाता है।

उपयोग के उदाहरण

लोगों के लिंग या अन्य लिंग-सम्बन्धी जैविक या शारीरिक विशेषताओं का वर्णन करते समय 'पुरुष' और 'महिला' शब्दों का उपयोग किया जाना चाहिए। पुरुष और महिला इन शब्दों द्वारा उनके बीच के शारीरिक भेदों का निर्देश होना चाहिए, न कि उनके जेंडर का। *(क्लेटन-टैननबौम, 2016)*

मनुष्य, मानव जाति, प्रवक्ता, अध्यक्ष और कार्यबल पसन्दीदा शब्दावली हैं। इसी तरह पति या पत्नी के बजाय, 'सहचर' शब्द का उपयोग करना बेहतर है। *(ग्रिफ़िथ यूनिवर्सिटी, 2017)*

स्त्रीलिंग-पुल्लिंग तथा स्त्री-पुरुष इन शब्दों का इस्तेमाल इस बात पर निर्भर करता है कि उनका निर्देश जैविकता से है या फिर मनोसामाजिक है। *(क्लेटन और टैननबाम, 2016)*

पेशे और पदनाम को दर्शाते समय, ऐसे शब्दों का उपयोग करना चाहिए जो लिंग-निरपेक्ष हैं। उदाहरण के लिए, हम 'पुलिसमैन' के बजाय 'पुलिसकर्मी', 'चेयरमैन' के बजाय 'चेयरपर्सन', 'वेटर' या 'वेट्रेस', के बजाय 'सर्वर', 'देवियों और सज्जनों' के बजाय 'दर्शक/श्रोता' का उपयोग कर सकते हैं। यहाँ हम पहचान-प्रधान भाषा के सिद्धान्त को लागू कर रहे हैं।

उपयोग के लिए सावधानियाँ

यह आमतौर पर कई वर्षों से स्वीकार किया गया है कि सामान्य शब्द के रूप में 'पुरुष' का उपयोग महिलाओं और गैर-द्विआधारी व्यक्तियों को बाहर करता है। 'मानव जाति' और 'चैयरमेन' जैसे शब्द लोगों को 'महिला' के बजाय 'पुरुष' सोचने पर मजबूर कर देते हैं, जिससे अन्य लिंग अदृश्य हो जाते हैं। 'पुरुष' या 'पुरुषों' और 'महिला' या 'महिलाएँ' का उपयोग द्विआधारी भाषा की

अभिव्यक्ति है–यह उन लोगों वर्जित करता है, जो ख़ुद को पुरुष या महिला नहीं मानते हैं। *(ग्रिफ़िथ विश्वविद्यालय, 2017)*

ट्रांसजेंडर व्यक्ति से बात करते समय उचित सर्वनाम का उपयोग उनके प्रति सम्मान दर्शाता है। आमतौर पर, व्यक्ति जिस नाम का उपयोग करते हैं वह उनके पसन्दीदा लिंग को दर्शाता है। तो, 'स्टीव' नामक ट्रांसजेंडर व्यक्ति ख़ुद को "पुरुष" कहते हों और 'रेचल' नामक व्यक्ति ख़ुद को महिला मानते हों? लेकिन अगर आप अनिश्चित हैं, तो उस व्यक्ति से विनयपूर्वक पूछें कि वे क्या पसन्द करते हैं।

यह विशेष रूप से इसलिए है कि अगर आपको सन्देह है कि कोई व्यक्ति ख़ुद को ग़ैर-बाइनरी मानता है, तो उस स्थिति में 'वे' जैसा तटस्थ शब्द अधिक उपयुक्त हो सकता है। *(बीबीसी, 2015)*

'व्यक्ति', 'मनुष्य' जैसे शब्दों का उपयोग अधिक उचित और लिंग-तटस्थ है। ऐसी भाषा का भी उपयोग करना महत्त्वपूर्ण है, जिसमें लिंग-विविधता शामिल हो। उदाहरण के लिए हमेशा किसी के पसन्दीदा नाम का उपयोग करें और पूछें कि वे कौन-से सर्वनाम का उपयोग करते हैं। *(फ्लिंडर्स यूनिवर्सिटी, एनडी)*

पेशे और पदनाम को दर्शाते समय किसी के जैविक लिंग को दर्शाने वाली भाषा का उपयोग अयोग्य हो सकता है।

हालाँकि लिंग प्राकृतिक रूप से द्विआधारी होकर भी उसकी अवधारणा विविध, जटिल और विभिन्न भाषाओं में भिन्न होती है। इसके लिए एक अन्तर-सांस्कृतिक समझ अत्यधिक उपयोगी है।

स्त्रीत्व और पुरुषत्व

परिभाषा/अवधारणा/सन्दर्भ

पुरुषत्व और स्त्रीत्व क्रमशः मर्दाना और ज़नाना के सन्दर्भ में एक व्यक्ति के लिंग का निर्देश करते हैं। *(डिक्सन, 2017)*

स्त्रीत्व और पुरुषत्व, जैविक (लिंग) के बजाय सामाजिक (जेंडर) में निहित हैं। सामाज के लोग तय करते हैं कि पुरुष या महिला होने का क्या मतलब हो (जैसे, प्रमुख या निष्क्रिय, बहादुर या भावनात्मक आदि) और पुरुष आमतौर पर ख़ुद को मर्दाना और महिलाएँ आमतौर पर ख़ुद को ज़नाना दिखाने की कोशिश करती हैं।

चूँकि ये सामाजिक परिभाषाएँ हैं, यह भी सम्भव है कि कोई महिला ख़ुद को मर्दाना या कोई पुरुष ख़ुद को ज़नाना भी मानता हो। *(स्टेट्स और बर्क, 2012)*

कुछ हद तक महिला और पुरुष क्या करते हैं, इस पर 'मर्दाना' और 'ज़नाना' व्यवहार की सांस्कृतिक धारणाएँ बनती हैं। इस प्रकार की 'जेंडर-सीमाएँ' महिलाओं या पुरुषों को 'लिंग-निर्विशेष' पेशा करने से रोकती हैं। *(फॉकनर, 2009)*

उपयोग के उदाहरण

रोज़मर्रा की भाषा में, स्त्रीत्व और पुरुषत्व जैविक लिंग का निर्देश नहीं करते। किसी संस्कृति में, कुछ व्यवहारों या प्रथाओं को व्यापक रूप से 'ज़नाना' या 'मर्दाना' माना जा सकता है, भले ही उन्हें महिलाओं या पुरुषों द्वारा अपनाया गया हो। स्त्रीत्व और पुरुषत्व यौन अभिविन्यास को नहीं दर्शाते। *(जेंडर्ड इनोवेशंस, एन.डी.)*

यद्यपि 'स्त्री' और 'पुरुष' शब्द आम इस्तेमाल में जेंडर-दर्शक (सामाजिक-सांस्कृतिक श्रेणियाँ) हैं, वे जीव विज्ञान में अलग अर्थ रखते हैं। 'मैस्कुलिनाइज़ेशन' पुरुष-विशिष्ट अवयवों के विकास को दर्शाता है, जैसे कि वोल्फियन नलिकाएँ और पुरुष प्रजनन संरचनाएँ। 'फ़ेमिनाइज़ेशन' महिला-विशिष्ट अवयवों के विकास को दर्शाता है, जैसे कि म्यूलेरियन नलिकाएँ और महिला प्रजनन संरचनाएँ। प्रजनन-सक्षम महिला बनने के लिए, फ़ेमिनेज़ेशन और

डी-मैस्कुलिनाइज़ेशन, दोनों की आवश्यकता होती है और पुरुष के लिए इसके विपरीत। *(ऊलेनहाउट एट आल्, 2009)*

उपयोग के लिए सावधानियाँ

स्त्रीत्व और पुरुषत्व बहुविध हैं–इनके कई रूप हैं। जिसे स्त्रीलिंग या पुल्लिंग के रूप में परिभाषित किया जाता है। वह क्षेत्र, धर्म, वर्ग, राष्ट्र, संस्कृति और अन्य सामाजिक कारणों से विभिन्न होता है। स्त्रीत्व और पुरुषत्व के सांस्कृतिक महत्त्व भी भिन्न होते हैं।

कोई भी महिला या पुरुष, स्त्रीत्व और पुरुषत्व के कई रूपों में संलग्न होता है, जिसे वह प्रासंगिक सन्दर्भ, दूसरों की अपेक्षाएँ, जीवन की परिस्थिति के अनुसार अपनाते हैं। एक आदमी कुछ संस्कृतियों में 'स्त्री' गतिविधियों के रूप में अक्सर रूढ़िबद्ध हो सकता है, जैसे कि एक बीमार व्यक्ति की देखभाल करना।

यह ध्यान में रखना महत्त्वपूर्ण है कि अक़्सर पितृसत्ता, वर्ग, जाति आदि से सम्बन्धित अन्य सामाजिक ताक़तों के परस्पर सम्बन्धों के कारण 'मर्दानगी' के एक विशेष रूप को आदर्श माना जाता है। यह 'वर्चस्ववादी पुरुषत्व' है।

इसकी एक लोकप्रिय परिभाषा 'आदर्श, प्रभावशाली, विषमलैंगिक मर्दानगी, महिलाओं और अधीनस्थ मर्दानगी के सम्बन्ध में निर्मित और विवाह की संस्था से निकटता से जुड़ी' हुई है। इस पुरुषत्व को अपनाने की इच्छा रखने वाले पुरुष ने आक्रमक होना चाहिए और संवेदनशील भावनाओं को रोकते हुए हिंसक व्यवहार करना चाहिए। उसने ताक़त, क्रूरता का दर्शन करना, प्रतिस्पर्धी और सफल होना चाहिए। सबसे विशेष रूप से, इस व्यक्ति को विषमलैंगिक होना चाहिए। *(मोरेटिनी, 2016)*

आमतौर पर बोल-चाल में जिसे 'विषाक्त मर्दानगी' कहते हैं, वह इसी का उदाहरण है।

सेक्स, निर्धारित सेक्स, नेटल सेक्स, बर्थ सेक्स और निर्धारित जेंडर

परिभाषा/अवधारणा/सन्दर्भ

जन्म के समय मौजूद महिलाओं और पुरुषों के बीच जैविक भेद को लिंग कहा गया है। इनमें शारीरिक भेद शामिल हैं।

'सेक्स' शब्द का इस्तेमाल यौन सम्भोग की शारीरिक क्रिया के लिए भी किया जा सकता है, जिसमें शिश्न योनि प्रवेश, मुखमैथुन, गुदमैथुन, हस्तमैथुन, चुम्बन और अन्य भी क्रियाएँ शामिल हैं।

'सेक्स, सम्भोग, प्यार करना, कुछ ऐसे कार्य हैं, जो सेक्स को कार्य के रूप में दर्शाते हैं।' *(तार्शी, 2006)*

किसी व्यक्ति को, उसके जन्म के समय 'पुरुष' या 'महिला' निर्धारित किये जाने को 'निर्धारित लिंग' कहते हैं। यह बच्चे के जननेंद्रिय और अन्य दृश्यमान शारीरिक यौन विशेषताओं पर आधारित होता है।" *(सावन्त, 2017)*

उपयोग के उदाहरण

लिंग और जेंडर असम्बद्ध नहीं हैं। वे अभिन्न रूप से सम्बन्धित हैं और विभिन्न तरीक़ों से स्वास्थ्य को प्रभावित करते हैं। जैविक रचना के आधार पर भेद का निर्देश करते समय 'लिंग' शब्द का उपयोग करना उचित है।

उदाहरण के लिए–कोई डॉक्टर रोगी की जैविक रचना के अनुसार ही रोग का निदान करेगा।

उपयोग के लिए सावधानियाँ

किसी व्यक्ति को जन्म के समय, जो लिंग प्रदान किया गया हो उसे 'नेटल सेक्स' कहते हैं। यह बड़े होने के दौरान व्यक्ति की अपनी जेंडर पहचान की भावना के अनुरूप हो भी सकता है या नहीं भी। ट्रांसजेंडर लोग आमतौर पर जन्म के समय उन्हें प्रदान किये लिंग से अपनी पहचान नहीं बनाते हैं। *(डब्ल्यूएचओ, 2015)*

किसी व्यक्ति के जेंडर को दर्शाते समय, जैसा कि जनसंख्या गणना या राजनीतिक विचार में यह आवश्यक नहीं कि उनके शरीर निर्धारित लिंग का आधार लें, बल्कि जेंडर को व्यक्ति की जेंडर पहचान के अनुसार दर्शाना चाहिए।

'निर्धारित सेक्स' से हमारा क्या मतलब है? किसी के जन्म के समय डॉक्टर या दाई कहे "यह एक लड़की है" या "यह एक लड़का है।" यह जेंडर असाइनमेंट है और यह मानता है कि किसी के जननेन्द्रिय उनके जेंडर से मेल खाते हैं। हालाँकि, हम जानते हैं कि हमेशा ऐसा नहीं होता और हम में से प्रत्येक यह तय करता है कि हम ख़ुद को किस जेंडर के मानते हैं। यह हमारे जननेन्द्रियों से मेल नहीं खाता या जेंडर बाइनरी (पुरुष या महिला) का हिस्सा नहीं है।

उदाहरण के लिए, योनि के साथ पैदा हुआ कोई व्यक्ति अप्ने को पुरुष मान सकता है।

सिसजेंडर, सिस और सिससेक्शुअल

परिभाषा/अवधारणा/सन्दर्भ

जिसकी जेंडर पहचान और जेंडर अभिव्यक्ति जन्म के समय निर्दिष्ट लिंग के साथ मेल खाती है। *(एपीए, 2015)*

सिसजेंडर का अर्थ है, ऐसी जेंडर पहचान होना, जो निर्धारित लिंग से मेल खाती हो। *(डब्ल्यूएचओ, 2016)*

'सिसजेंडर' शब्द जर्मन सेक्सॉलजिस्ट वोल्कमार सिगुश से आया है, जिन्होंने 1990 के दशक में ट्रांसजेंडर अनुभवों पर अपने काम के लिए 'सिस-सेक्सुअल' शब्द बनाया था। यह शब्द बाद में 'सिसजेंडर' में बदल गया। *(वैलेन्स, 2018)*

उपयोग के उदाहरण

इस शब्द का प्रयोग उन व्यक्तियों का वर्णन करने के लिए किया जाता है, जिनकी जेंडर पहचान या अभिव्यक्ति उन्हें जन्म के समय दिये गये लिंग के साथ मेल खाती है। *(सावन्त, 2017)* उदाहरण के लिए पुरुष जननेंद्रियों के साथ पैदा हुआ व्यक्ति अगर ख़ुद को पुरुष मानता है, तो वह सिसजेंडर है। *(ग्रिफिथ विश्वविद्यालय, 2017)*

'सिस' एक लैटिन उपसर्ग है, जिसका अर्थ 'उसी तरफ़' है, और इसलिए 'ट्रांस' का विरुद्धार्थ है, किंतु जो लोग ट्रांसजेंडर नहीं हैं, उनका वर्णन करने का एक बेहतर तरीक़ा है 'गैर-ट्रांसजेंडर' शब्द का उपयोग। *(ग्लैड)*

'सिस' शब्द का उपयोग 'सिसजेंडर' के संक्षिप्त रूप में किया जाता है यानी ऐसा व्यक्ति, जिसका जेंडर जन्म के समय उन्हें दिये गये जेंडर से मेल खाता है। *(थॉमस, 2018)*

उपयोग के लिए सावधानियाँ

'सिसजेंडर' शब्द के उपयोग के बारे में सभी प्रकार के तर्क रखे जाते हैं। सबसे बड़ा विरोध सिसजेंडर समुदाय से होता है, जो यह मानता है कि इस शब्द का उपयोग दमनकारी है, 'रिवर्स ट्रांसफोबिक' है, या 'सिस' लोगों के ख़िलाफ़ एक संघर्ष का दर्शक है। 'ग़ैर-ट्रांस' के बजाय 'सिस' शब्द अधिक विनयशील माना जाता है।

हम 'गैर-ट्रांसजेंडर' के बजाय 'सिसजेंडर' क्यों कहते हैं? क्योंकि 'नॉन-ट्रांस' शब्द से यह अभिप्राय होता है कि सिसजेंडर होना प्रकृति है और ट्रांसजेंडर होना विकृति।

बहुत से लोगों ने सुझाया है कि 'ट्रांसजेंडर लोग' और 'सामान्य लोग' कहें, लेकिन इससे यह ध्वनित होता है कि सिसजेंडर होना असामान्य, अप्राकृतिक है और इससे इन जेंडरों में दूरी अधिक हो जाती है। जब हम 'सिसजेंडर' और 'ट्रांसजेंडर' कहते हैं, तो किसी एक को दूसरे की अपेक्षा अप्राकृतिक या अस्वाभाविक नहीं कह रहे। *(जेम्स, 2015)*

अलैंगिक और अलैंगिकता

परिभाषा/अवधारणा/सन्दर्भ

"एक व्यक्ति, जो आमतौर पर किसी के प्रति यौन आकर्षण या इच्छा महसूस नहीं करता है।" *(एससी कैडवास, 2015)*

"यह एक उभरता हुआ यौन अभिविन्यास है। ख़ुद को अलैंगिक बताने वालों में से कुछ लोग किसी के भी प्रति यौन आकर्षण का अनुभव नहीं करते हैं या कुछ अन्य लोग यौन आकर्षण का अनुभव करते हैं, लेकिन यौनिक क्रिया करने की कोई इच्छा नहीं रखते हैं।" *(प्योल्म-फौड्र, 2016)*

उपयोग के उदाहरण

इस शब्द का प्रयोग यौन अभिविन्यास को दर्शाने और समझाने के लिए किया जाता है। यह आमतौर पर मनोवैज्ञानिक लेखन में प्रयोग किया जाता है। इसका उपयोग अन्य शब्दावली जैसे 'जेंडर अभिव्यक्ति', 'यौन अभिविन्यास' 'ब्रह्मचर्य' आदि की व्याख्या करने के लिए किया जाता है।

उपयोग के लिए सावधानियाँ

अलैंगिकता ब्रह्मचर्य के समान नहीं है। *(SCCADVASA, 2015)* अत: इसका एक दूसरे के स्थान पर प्रयोग करना उचित नहीं है।

अलैंगिकता और ब्रह्मचर्य समान नहीं हैं। बहुत से अलैंगिक लोग ब्रह्मचारी जीवन जीते हैं अर्थात वे दूसरों के साथ यौन सम्बन्ध नहीं रखते हैं, जबकि ब्रह्मचर्य एक विकल्प है (अक्सर धर्म और अन्य जीवन परिस्थितियों से प्रेरित), अलैंगिकता नहीं है। *(पोल्म-फौड्रे, 2016)*

रोज़ाना बातचीत में लोगों को 'अलैंगिक' कहना एक अपमानजनक हो सकता है और इससे उनको भेदभाव का अनुभव हो सकता है।

अरोमांटिसिज़्म

परिभाषा/अवधारणा/सन्दर्भ

"जो लोग रोमांटिक इच्छा महसूस नहीं करते हैं, उन्हें अरोमांटिक माना जाता है।" *(किलरमैन, 2013)*

उपयोग के उदाहरण

अरोमांटिसिज़्म और अलैंगिकता परस्पर भिन्न नहीं हैं–कोई व्यक्ति इकट्ठा दोनों हो सकता है। अरोमांटिक, अलैंगिक लोग दूसरों के साथ यौन या रोमांटिक सम्बन्धों को आगे बढ़ाने में रुचि नहीं रखते हैं। *(किलरमैन, 2013)*

उपयोग के लिए सावधानियाँ

अरोमांटिक होना अलैंगिक होने के समान नहीं है, क्योंकि अलैंगिक व्यक्ति रोमांटिक सम्बन्धों की सम्भावना रखते हैं। अलैंगिकता की तरह, अरोमांटिसिज़्म को अक्सर 'सही व्यक्ति नहीं मिला' के रूप में, ग़लत समझा जा सकता है। *(किलरमैन, 2013)*

विषम लैंगिकवाद, लिंगद्वयाधारी और विषमलैंगिक

परिभाषा/अवधारणा/सन्दर्भ

'विषमलैंगिकवाद' यानी यह दृष्टिकोण कि सभी लोगों को विषमलैंगिक होना चाहिए और यह धारणा कि विषमलैंगिकता ही

'सामान्य' या 'प्राकृतिक' है। यह दृष्टिकोण अन्य यौन पहचानों के प्रति पूर्वाग्रह का परिणाम है।" *(तार्शी, 2006)*

एक ऐसा व्यक्ति जो ख़ुद के जेंडर के अलावा केवल अन्य जेंडर के लोगों के प्रति यौन आकर्षण रखता है या जो ख़ुदे की पहचान विषमलैंगिक बताता है" *(तार्शी, 2006)*

उपयोग के उदाहरण

यद्यपि इस शब्द का उपयोग करना विशेष उचित नहीं, फिर भी इसका उपयोग साहित्य में जेंडर पहचान और यौन अभिविन्यास की अन्य विशेषताओं के विपरीत बेहतर समझने के लिए किया जाता है। इसका उपयोग अन्य जेंडर पहचानों के आसपास भेदभाव के स्तर को समझने के लिए भी किया जाता है। स्वास्थ्य देखभाल सेवाओं, घरेलू हिंसा, मर्दानगी के मुद्दों, महिलाओं के ख़िलाफ अपराध आदि के लिए परामर्श में, एच=विषमलैंगिकता की अवधारणाओं को समझना अनिवार्य है।

उपयोग के लिए सावधानियाँ

विषमलैंगिकवाद मानता है कि हर कोई विषमलैंगिक है और विषमलैंगिकता आदर्श है। व्यक्तियों और समूहों में यह अन्य विशेषताओं की अदृश्यता और कलंक का कारण बन सकता है। *(डब्ल्यूएचओ, 2016)*

यौन अभिविन्यास

परिभाषा/अवधारणा/सन्दर्भ

यौन अभिविन्यास 'एक व्यक्ति के अन्य लोगों के प्रति शारीरिक, रोमांटिक या भावनात्मक आकर्षण' को दर्शाता है। यौन अभिविन्यास में तीन तत्त्व शामिल हैं–यौन आकर्षण, यौन व्यवहार और यौन पहचान। यौन अभिविन्यास को अक्सर विषमलैंगिकता (स्वयं से अलग लिंग के व्यक्तियों के प्रति आकर्षित होना) या समलैंगिकता (स्वयं के समान लिंग के व्यक्तियों के प्रति आकर्षित होना) के सन्दर्भ में समझा जाता है। *(डब्ल्यूएचओ, 2016)*

मानव यौनिकता को मोटे तौर पर तीन यौन अभिविन्यासों में विभाजित किया गया है–विषमलैंगिकता, समलैंगिकता और उभयलैंगिकता। कोई व्यक्ति हमेशा इनमें से किसी एक को अनुभव कर सकता है या किसी और के लिए, यह प्रवाही हो सकता है और समय के साथ बदल सकता है। यौन अभिविन्यास को एक स्पेक्ट्रम (विस्तार) के रूप में समझा जा सकता है, जिसे 'किंसे स्केल' कहा जाता है। *(किंसे, 1948)*

उपयोग के उदाहरण

आमतौर पर मनोवैज्ञानिक अवधारणा को दर्शाने के लिए या विभिन्न यौन अभिविन्यासों (विषमलैंगिक/ उभयलैंगिक/समलैंगिक) के

बीच भेद दर्शाने के लिए सम्बन्धित व्यवहार को समझने के लिए और इस तरह कुछ स्वास्थ्य समस्याओं के प्रेरक कारकों को समझने के लिए इसका उपयोग किया जाता है। कुछ लोग इन शब्दों का उपयोग अपने यौन अभिविन्यास या पहचान को सामान्य रूप से दर्शाने के लिए कर सकते हैं।

उपयोग के लिए सावधानियाँ

यौन अभिविन्यास जेंडर पहचान से अलग है। *(डब्ल्यूएचओ, 2016)* किसी व्यक्ति की जेंडर पहचान को दर्शाने के लिए इस शब्द का उपयोग करना अनुचित है। किसी व्यक्ति की पसन्दीदा यौन क्रियाएँ यानी सम्भोग, उत्तेजना, सन्तुष्टि के प्रकार आदि को दर्शाने के लिए भी इसका उपयोग नहीं करना चाहिए। इसे यौन वरीयता के पर्याय के रूप में उपयोग करना भी अनुचित है, जिसे के रूप में परिभाषित किया गया है, जिसे प्राप्त करना और भाग लेना व्यक्ति पसन्द करता है।

आमतौर पर, जब इस शब्द का उपयोग किया जाता है, तो इसे ग़लती से 'जेंडर पहचान' के साथ बदल दिया जाता है, जिससे यह भ्रम पैदा होता है कि कोई व्यक्ति अपना यौन अभिविन्यास चुन सकता है। *(किलरमैन, 2013)*

यौन अभिविन्यास एक निषिद्ध विषय बना हुआ है और भेदभाव के प्रमुख कारणों में से एक है। अतीत में विषमलैंगिकता के अलावा अन्य यौन अभिविन्यासों को भ्रष्ट माना जाता था।

यौन आकर्षण

परिभाषा/अवधारणा/सन्दर्भ

"यह किसी अन्य व्यक्ति में यौन रुचि को दर्शाता है, जो किसी व्यक्ति के दिखने, चाल, आवाज़, गन्ध आदि सहित कारकों के आधार पर होता है, जो आकृष्ट व्यक्ति को आकर्षित करते हैं। यौन आकर्षण को किसी के प्रति यौन भावनाओं के रूप में भी परिभाषित किया जा सकता है।" *(ओएनएस, 2009)*

'यौन आकर्षण' किसी व्यक्ति के अन्य लोगों के प्रति शारीरिक, रोमांटिक या भावनात्मक आकर्षण को दर्शाता है। अधिकांश लोगों का यौन अभिविन्यास होता है, जो उनकी पहचान का एक अभिन्न अंग होता है। समलैंगिक लोग अपने ही जेंडर के व्यक्तियों के प्रति आकर्षित होते हैं। विषमलैंगिक लोग स्वयं से भिन्न जेंडर के व्यक्तियों के प्रति आकर्षित होते हैं। उभयलिंगी लोग समान या भिन्न जेंडर के व्यक्तियों की ओर आकर्षित हो सकते हैं। यौन अभिविन्यास जेंडर पहचान से सम्बन्धित नहीं है।" *(यूनिसेफ, 2014)*

यौन व्यवहार

परिभाषा/अवधारणा/सन्दर्भ

"'यौन व्यवहार' लोगों के यौनिक व्यवहार को दर्शाता है अर्थात् उनके यौन साथी हैं या नहीं।" *(ओएनएस, 2009)*

'यौन व्यवहार' शब्द का उपयोग एक व्यक्ति दूसरों के साथ कैसे यौन सम्बन्ध रखता है, उसका वर्णन करने के लिए किया जाता है। *(डब्ल्यूएचओ, 2016)*

उपयोग के उदाहरण

मनुष्यों में यौन व्यवहार विविध हैं और सामाजिक-सांस्कृतिक संस्कारों से काफी प्रभावित होते हैं। यद्यपि साहित्य में कई यौन व्यवहारों का निर्देश है, लोग अक्सर प्रजनन के आधार पर यौन व्यवहार को समझते हैं।

अतीत में पश्चिमी विश्व ने ग़ैर-उत्पादक यौन व्यवहार को अपराध मानना और कलंकित करना शुरू कर दिया। हालाँकि, इतिहास, साहित्य, पुराण, वास्तुकला आदि में यह स्पष्ट निर्देश हैं कि पूर्वी सभ्यता–विशेष रूप से भारतीय सभ्यता में यौन व्यवहार के विभिन्न रूपों का समावेश करने की परम्परा रही है। *(मेनन, 2018)*

उपयोग के लिए सावधानियाँ

यह ज़रूरी नहीं कि किसी व्यक्ति की यौन पहचान का आधार उनका यौन व्यवहार हो। *(ओएनएस, 2009)*

यौन व्यवहार हमेशा किसी व्यक्ति के यौन अभिविन्यास से निर्धारित नहीं होता है। उदाहरण के लिए, जो पुरुष अन्य पुरुषों के साथ यौन सम्बन्ध रखता है, उसे एम.एस.एम. (MSM, man having sex with man) कहा जा सकता है। भले ही वे महिलाओं के साथ भी यौन सम्बन्ध रखते हों या व्यक्तिगत या सामाजिक तौर पर विषमलैंगिक या उभयलैंगिक पहचान रखते हों। एमएसएम शब्द विशेष रूप से उपयोगी है, क्योंकि इसमें ऐसे पुरुष भी शामिल हैं, जो स्वयं को विषमलैंगिक बताते हैं, लेकिन अन्य पुरुषों के साथ यौन सम्बन्ध रखते हैं और जो अन्यथा सार्वजनिक स्वास्थ्य के दायरे में नहीं आते। *(डब्ल्यूएचओ, 2016)*

समाज अक्सर विभिन्न यौन व्यवहारों का वर्गीकरण 'अच्छे, सामान्य, प्राकृतिक' और 'बुरे, असामान्य, अप्राकृतिक' वग़ैरह शब्दों से करके उनमें श्रेणियाँ बनाता है, जिससे आगे कलंक और भेदभाव होता है। क्या स्वीकार्य है और क्या भ्रष्ट है, यह भी एक प्रवाही समाज की क़ानूनी और नैतिक धारणाओं द्वारा निर्धारित किया जाता है। *(रुबिन, 1984)*

यौन पहचान

परिभाषा/अवधारणा/सन्दर्भ

यौन पहचान व्यक्तियों द्वारा उनकी यौनिकता, यौन अभिविन्यास या व्यवहार के आधार पर अपनायी गयी पहचान है।

यद्यपि जाति, धर्म और जेंडर जैसी अन्य पहचानों से यह अधिक महत्त्वपूर्ण नहीं है, एक विशेष यौन पहचान को अपनाना व्यक्तिगत और राजनीतिकवाद का एक तरीक़ा है, ख़ासकर यौन अल्पसंख्यकों के लिए समान अधिकारों और न्याय के संघर्ष में।

उपयोग के उदाहरण

स्ट्रेट (विषमलैंगिक), समलैंगिक महिला, समलैंगिक पुरुष, उभयलिंगी, पैनसेक्सुअल और अलैंगिक जैसे शब्द हैं, जिनमें से अधिकांश अंग्रेजी शब्द हैं। यह सम्भव है कि कोई व्यक्ति इनमें से किसी एक के साथ अपनी पहचान नहीं बनाता हो, क्योंकि या तो वे इनके परे सोच रहे हैं या इनमें से किसी एक शब्द को अपनाना नहीं चाहते हैं।

एक वैकल्पिक यौन पहचान को अपनाने के लिए निश्चित मात्रा में राजनीतिक चेतना और व्यक्तिगत सुविधा की आवश्यकता होती है।

उपयोग के लिए सावधानियाँ

हम रूप, व्यवहार या किसी अन्य कारक के आधार पर किसी की यौन पहचान नहीं मान सकते, क्योंकि यह पूरी तरह से स्वयं व्यक्तियों द्वारा निर्धारित किया जाना है। इसी तरह, हमें हर किसी को विषमलैंगिक नहीं मानना चाहिए, जब तक कि व्यक्ति स्वयं की पहचान नहीं करे। कल्पित विषमलैंगिकता यौन अल्पसंख्यकों को अदृश्य बनाने का कारण बन सकती है, बल्कि स्वयं-पहचान के लिए एक सुरक्षित और खुला परिवेश बनाया जाना चाहिए, यहाँ तक कि उन लोगों के लिए भी जो कोई पहचान नहीं बताना चाहते हैं।

जेंडर पहचान

परिभाषा/अवधारणा/सन्दर्भ

पुरुष, महिला या कुछ और के रूप में एक व्यक्ति की सहज, गहराई से महसूस की गयी मनोवैज्ञानिक पहचान, जो व्यक्ति के बाहरी शरीर या जन्म के समय निर्दिष्ट लिंग यानी (जन्म प्रमाण पत्र पर सूचीबद्ध लिंग) के अनुरूप हो भी सकती है या नहीं भी। *(Fenway Health, 2010)*

जेंडर पहचान एक विस्तार (स्पेक्ट्रम) पर मौजूद है। इसका मतलब यह है कि किसी की जेंडर पहचान अनिवार्य रूप से पुरुष या महिला तक ही सीमित नहीं है। जब किसी व्यक्ति की जेंडर पहचान उनके नियत लिंग से भिन्न होती है, तो उन्हें आमतौर पर ट्रांसजेंडर, जेंडर फ्लूइड या जेंडर क्वियर माना जाता है, जबकि अगर किसी व्यक्ति की जेंडर पहचान उनके नियत लिंग के साथ मिलती है, तो उन्हें आमतौर पर सिसजेंडर माना जाता है।

हालाँकि, ये शब्द कुछ देशों में आमतौर पर परिचित हैं, कई संस्कृतियों में अन्य शब्दों का इस्तेमाल उन लोगों का वर्णन करने के लिए किया जा सकता है, जो समान-लिंग सम्बन्ध करते हैं और जो नॉन बाइनरी जेंडर पहचान प्रदर्शित करते हैं। इनमें से कुछ देशों में, 'तीसरे जेंडर' को कानून और सांस्कृतिक परम्पराओं दोनों में

मान्यता प्राप्त है, और सांस्कृतिक, पारम्परिक या धार्मिक महत्त्व के कारण क़ानूनी सुरक्षा हो सकती है। *(डब्ल्यूएचओ, 2016)*

उपयोग के उदाहरण

जेंडर की पहचान सिसजेंडर, ट्रांसजेंडर, जेंडर क्वियर , नॉन बाइनरी आदि हो सकती है। यह ध्यान दिया जाना चाहिए कि संस्कृतियों में जेंडर मानदण्ड अत्यधिक विविध और अत्यन्त तरल हैं, इसलिए 'यौन पहचान' और 'जेंडर पहचान' भी स्व-निर्धारित होनी चाहिए।

जेंडर पहचान संस्कृति-विशिष्ट भी है। इसलिए एक अंग्रेज़ी शब्द का उपयोग करने से किसी विशेष संस्कृति में जेंडर पहचान और अभिव्यक्तियों की सीमा की ग़लत व्याख्या या समरूपता हो सकती है।

उदाहरण के लिए, हिजड़ा, किन्नर, नुपी मानबी, अरवानी आदि भारत में कुछ विविध जेंडर अल्पसंख्यक समुदाय हैं।

उपयोग के लिए सावधानियाँ

'यौन पहचान' और 'जेंडर पहचान' का उपयोग पर्यायवाची के रूप में नहीं किया जाना चाहिए।

हमें बहुत स्पष्ट होना चाहिए कि किसी व्यक्ति की जेंडर पहचान उनके लिंग के अनुरूप हो भी सकती है और नहीं भी *(एचआरसी, 2007)*। उदाहरण के लिए एक ट्रांसजेंडर समान लिंग, विपरीत लिंग या दोनों के प्रति आकर्षित हो भी सकते है और नहीं भी। इसी तरह एक विषमलैंगिक व्यक्ति या तो सिसजेंडर या ट्रांसजेंडर हो सकता है। यौन पहचान और जेंडर पहचान पूरी तरह से अलग हैं। हालाँकि, दोनों विविधता और समावेश के विमर्श में समान आधार रखते हैं।

जेंडर अभिव्यक्ति

व्यवहार, कपड़े पहनना, बाल कटाना, बोलना, और अपने शरीर की अन्य विशेषताओं पर ज़ोर देने या बदलने के माध्यम से दूसरों

के सामने अपनी जेंडर पहचान बाहरी रूप से प्रदर्शित करने को 'जेंडर अभिव्यक्ति' कहते हैं। जेंडर अभिव्यक्ति यौन अभिविन्यास की निर्देशक नहीं है। *(एडीएल, 2017)*

'जेंडर अभिव्यक्ति' उस तरीक़े को निर्देश करती है, जिसमें एक व्यक्ति बाहरी रूप से अपने जेंडर को प्रस्तुत करता है। जेंडर के ये भाव आमतौर पर उस तरीक़े से होते हैं, जिस तरह से कोई कपड़े पहनने, बोलने या आमतौर पर समाज में बरतता है।

जेंडर के बारे में हमारी धारणा आमतौर पर स्त्री और पुरुष की सामाजिक अभिव्यक्ति के भेद के आधार पर निर्मित द्वयाधारी ही होती है। *(डब्ल्यूएचओ, एनडी)*

उपयोग के उदाहरण

इस शब्द का प्रयोग यह समझाने के लिए किया जाता है कि कैसे कोई पुरुषत्व या स्त्रीत्व के तत्त्वों को बाह्य रूप से व्यक्त या प्रस्तुत करता है। इसमें कपड़े, बाल रखना, तौर-तरीक़े, आवाज़ और अन्य व्यवहार शामिल हैं। *(स्टैटिस्टिक्स, न्यूजीलैंड, 2015)*

उपयोग के लिए सावधानियाँ

किसी की जेंडर अभिव्यक्ति हमेशा उनकी जेंडर पहचान (WHO, N.D.) का संकेत नहीं देती है। इसलिए प्रकार, जेंडर पहचान के विषय में इसका उपयोग करना उचित नहीं है।

किसी की जेंडर अभिव्यक्ति को उनकी जेंडर पहचान का प्रतिबिम्ब समझना अनुचित है। *(स्टैटिटिक्स न्यूजीलैंड, 2015)*

अजेंडर

परिभाषा/अवधारणा/सन्दर्भ

'अजेंडर' या बिना जेंडर पहचान वाले व्यक्ति। (सावन्त, 2017) कुछ व्यक्ति मौजूदा जेंडर श्रेणियों में से किसी के भी साथ अपनी पहचान नहीं बताते हैं। अक्सर समाज हमें पुरुष, महिला या 'तीसरे' की जेंडर श्रेणियों में बैठाने की कोशिश करता है। कई लोग इन आधिकारिक श्रेणियों को मर्यादित या रिडक्टिव मानते हैं। कोई व्यक्ति इनमें से किसी भी क़ानूनी या सांस्कृतिक जेंडर चिह्न को नहीं अपनाने का विकल्प चुन सकता है।

उपयोग के उदाहरण

ऑक्सफोर्ड इंग्लिश डिक्शनरी के अनुसार, 'अजेंडर' शब्द उन लोगों का निर्देश करता है, जो किसी विशेष जेंडर के रूप में पहचान नहीं करते हैं। इसका मतलब जेंडररहित होना हो सकता है। हालाँकि, लोग 'अजेंडर' का उपयोग जेंडर-तटस्थ के रूप में पहचानने या एक अपरिभाषित जेंडर होने के लिए भी करते हैं। *(उन्हें, 2018)*

उपयोग के लिए सावधानियाँ

हमें यह भी स्पष्ट ध्यान रखना चाहिए कि जो लोग अजेंडर हैं, उनका अलैंगिक होना ज़रूरी नहीं। अजेंडर लोग सम्भोग या रोमांटिक रिश्तों

में भाग लेने की इच्छा रख सकते हैं। किसी भी जेंडर पहचान के लोगों की तरह, जो लोग अजेंडर होते हैं, उनमें सभी प्रकार की इच्छाएँ और आकर्षण हो सकते हैं।

अगर आपको निश्चित पता नहीं है कि कोई व्यक्ति किस सर्वनाम का उपयोग करता है, तो सबसे अच्छा तरीक़ा है कि दूसरों से उस व्यक्ति का जिक्र करते हुए सुनें। यदि आपको उनका पसन्दीदा सर्वनाम पूछना है, तो निजी तौर पर पूछें। यदि आपने किसी के लिए ग़लत सर्वनाम इस्तेमाल किया है, तो ईमानदारी से माफ़ी माँगें और फिर आगे बढ़ें। *(सोजवाल, 2015)*

जेंडर डिस्फोरिया

परिभाषा/अवधारणा/सन्दर्भ

'डाइग्नास्टिक एंड स्टैटिस्टिकल मैनुअल ऑफ़ मेंटल डिसार्डर्ज़' के अनुसार, जो लोग लगातार तीव्र जेंडर असंगति का अनुभव करते हैं, उन्हें जेंडर डिस्फोरिया का निदान दिया जा सकता है। *(एपीए, 2014)*

जेंडर डिस्फोरिया वाले लोग उन्हें जन्म के वक़्त प्रदान किये गये जेंडर को लेकर अत्यधिक बेचैन हो सकते हैं। उनके शरीर (विशेष रूप से युवावस्था के दौरान विकास) के साथ बेचैन हो सकते हैं या उनके निर्दिष्ट जेंडर की अपेक्षित भूमिकाओं को लेकर बेचैन हो सकते हैं।

जेंडर डिस्फोरिया वाले लोग अक्सर उनको जन्म के वक़्त प्रदान किये गये जेंडर और उनको ख़ुद को महसूस होने वाले जेंडर के बीच संघर्ष के कारण लगातार संकट या समस्याओं का अनुभव कर सकते हैं। *(एपीए, एनडी)*

मनोवैज्ञानिकों और डॉक्टरों द्वारा उपयोग में आने वाला जेंडर डिस्फोरिया का निदान उस संकट, नाख़ुशी और चिन्ता को दर्शाता

है, जो ट्रांसजेंडर लोग अपने शरीर और उनकी जेंडर पहचान के बीच बेमेल के कारण महसूस करते हैं।

किसी व्यक्ति को औपचारिक रूप से परिवर्तन में मदद करने के लिए चिकित्सा उपचार प्राप्त करने के लिए जेंडर डिस्फोरिया का निदान किया जा सकता है। *(नियोजित पितृत्व, एनडी)*

उपयोग के उदाहरण

इस शब्द का प्रयोग ऐसे निदान को दर्शाने के लिए किया जाता है, जो कुछ ट्रांस लोगों द्वारा उनकी जेंडर पहचान और उनके निर्दिष्ट लिंग *(ओएसएफ, 2013)* के बीच एक असंगति के परिणामस्वरूप अनुभव की गयी परेशानी और पीड़ा को दर्शाता है।

सबसे पहले 'डिस्फोरिया' शब्द को देखें। मरियम-वेबस्टर के अनुसार, डिस्फोरिया 'बहुत दुखी, असहज या असन्तुष्ट महसूस करने की स्थिति' है। तो व्यापक अर्थों में जेंडर डिस्फोरिया तब होता है, जब कोई अपने लिंग के सम्बन्ध में बहुत दुखी, असहज या असन्तुष्ट महसूस करता है। यह कुछ ऐसा है, जिसे बहुत से लोग अनुभव करते हैं। इसमें तनाव महसूस करना शामिल है कि कोई व्यक्ति अपने शरीर के बारे में कैसा महसूस करता है। इसकी तुलना में कि कैसे समाज उनके शरीर को जेंडर करता है या किसी व्यक्ति द्वारा अपेक्षित जेंडर भूमिकाओं या अपेक्षाओं के विपरीत ख़ुद को कैसे देखता है। *(जेंडरस्पेक्ट्रम, एनडी)*

उपयोग के लिए सावधानियाँ

मनोवैज्ञानिक इसे 'जेंडर पहचान विकार' कहते थे। हालाँकि, किसी व्यक्ति के शरीर और जेंडर पहचान के बीच असंयोग, अपने आप में एक मानसिक बीमारी नहीं है, लेकिन यह भावनात्मक संकट पैदा कर सकता है, इसलिए इस शब्द को जेंडर डिस्फोरिया में बदल दिया गया था। *(नियोजित पितृत्व, 2018)*

मेडिकल प्रैक्टिशनर और अन्य लोग 'उचित ट्रांसजेंडर चर्चा' के लिए 'जेंडर डिस्फोरिया' को सेक्स रिअसाइनमेंट सर्जरी, हार्मोन थेरेपी, लेज़र थेरेपी आदि का एकमात्र कारण बताते हैं। इस तरह की चर्चाएँ विविध संस्कृतियों, क्षेत्रों में वर्तमान विभिन्न जेंडर पहचान, अभिव्यक्तियों को 'ट्रांसजेंडर' नामक एक ही चिकित्सात्मक और क़ानूनी परिभाषा में समाहित कर देती है। *(दत्त, 2014, सहाय, 2020)* लोगों को सक्षम बनाने के लिए होने के बावजूद जेंडर की चिकित्सात्मक और क़ानूनी श्रेणियाँ इस विषय का संकोच और परिसीमिन कर सकती हैं। *(जैन और दासगुप्ता, 2021)*

समलैंगिक (होमोसेक्सुअल)

परिभाषा/अवधारणा/सन्दर्भ

"एक व्यक्ति जो अपने समान लिंग के लोगों के प्रति यौन रूप से आकर्षित होता है या जो समलैंगिक होने की पहचान करता है।" *(तार्शी, 2006)*

उपयोग के उदाहरण

समलैंगिकता शब्द का प्रयोग मनोवैज्ञानिकों ने 19वीं और 20वीं शताब्दी में किया था। समलैंगिकता को एक विकार के रूप में माना जाता था, लेकिन कई दशकों बाद कई देशों में इसे अविकार और अनपराधीकरण किया गया। *(इनसाइक्लोपीडिया ब्रिटानिका)*

'समलैंगिक' के बजाय जेंडर अभिव्यक्ति, यौन व्यवहार या यौन अभिविन्यास का वर्णन करने के लिए 'गे' (समलैंगिक पुरुष) या 'लेस्बियन' (समलैंगिक स्त्री) जैसे अधिक विशिष्ट शब्दों का उपयोग करना पसन्द किया जाता है।

गे शब्द का प्रयोग एक ऐसे पुरुष के लिए किया जाता है, जो अन्य पुरुषों के प्रति यौन आकर्षण का अनुभव करता है या समलैंगिक के रूप में पहचान करता है। इस शब्द का प्रयोग ऐसे आकर्षण का अनुभव करने वाली महिला के लिए भी किया जा सकता है। (तार्षि, 2006)

उपयोग के लिए सावधानियाँ

किसी व्यक्ति को 'होमो', 'फैग', 'फैगट', 'डाक', 'सोडोमाइट', 'विचलित', 'विकृत', 'निष्क्रिय', 'रोगग्रस्त', 'विकृत' या 'विनाशकारी' कहना अपमानजनक होता है।

समान लिंग के सदस्यों के प्रति आकृष्ट लोगों का वर्णन करने के लिए 'समलैंगिक पुरुष' या 'समलैंगिक' शब्द का उपयोग करना उचित है। ऐतिहासिक रूप से, 'समलैंगिक' शब्द समलैंगिकता-विरोधी उग्रवादियों द्वारा आक्रामक रूप से यह सुझाव देने के लिए उपयोग किया जाता है कि समलैंगिक लोग किसी तरह से रोगग्रस्त हैं या मनोवैज्ञानिक और भावनात्मक रूप से अव्यवस्थित हैं।

इस धारणा को 1970 के दशक में अमेरिकन साइकोलॉजिकल एसोसिएशन और अमेरिकन साइकियाट्रिक एसोसिएशन द्वारा निराधार बता दिया गया। इस प्रकार सीधे उद्धरणों को छोड़कर 'समलैंगिक' शब्द का उपयोग करना अनुचित है।

कृपया केवल 'गे' शब्द के बार-बार उपयोग से बचने के लिए शैली भिन्नता दिखाने के लिए 'समलैंगिक' का उपयोग करने से बचें। एसोसिएटेड प्रेस, द न्यूयॉर्क टाइम्स और द वाशिंगटन पोस्ट ने 'समलैंगिक' (ग्लाड, एन.डी.) शब्द के उपयोग पर मर्यादा लगायी है।

होमोफोबिया, होमोफोब और होमोफोबिक

परिभाषा/अवधारणा/सन्दर्भ

समलैंगिक लोगों के विषय में असहिष्णुता या तर्कहीन भय जो समलैंगिक लोगों के प्रति भेदभाव, पूर्वाग्रह या अवमानना प्रकट कर सकता है। *(तर्शी, 2006)*

किसी के वास्तविक या कल्पित यौन अभिविन्यास के कारण उन पर पूर्वाग्रह और द्वेष लादने को भी 'होमोफोबिया' कहा गया है। *(ओएसएफ, 2013)*

उपयोग के उदाहरण

1960 के दशक के उत्तरार्द्ध में जॉर्ज वेनबर्ग के होमोफोबिया शब्द की शुरुआत ने समलैंगिकता के बारे में पारम्परिक सोच को चुनौती दी। इससे समलैंगिक विरोधी पूर्वाग्रह और कलंक की समस्या पर समाज का ध्यान केन्द्रित करने में मदद मिली। *(हेरेक, 2004)*

इस शब्द का प्रयोग अक्सर यौन अभिविन्यास या जेंडर पहचान के आधार पर भेदभाव का वर्णन करने के लिए किया जाता है और इसमें मौखिक और शारीरिक शोषण शामिल हो सकता है। किंतु कुछ लोग समलैंगिक पुरुष (गे), समलैंगिक स्त्री (लेस्बियन) या उभयलिंगी यौन अभिविन्यास *(डब्ल्यूएचओ, 2016)* को शामिल करने वाले लोगों के ख़िलाफ़ भेदभाव के सभी रूपों का वर्णन करने के लिए अधिक समावेशी शब्द, हेट्रोसेक्सिज़म का उपयोग करते हैं।

उपयोग के लिए सावधानियाँ

होमोफोबिक भाषा के उपयोग से किशोर व युवा समलैंगिक बच्चों पर नकारात्मक प्रभाव पड़ता है, जिससे उन्हें स्कूल में दुख महसूस होता है और उनकी पूरी क्षमता तक पहुँचने की सम्भावना कम होती है। सबसे बुरे मामलों में, होमोफोबिक भाषा युवाओं के मानसिक स्वास्थ्य और कल्याण को प्रभावित करती है।

होमोफोबिक भाषा विशेष रूप से समलैंगिकों के लिए प्रयुक्त असभ्य व्यवहार को भी निर्देश करती है। इसमें 'क्वियर', 'पूफ', 'फैग', 'फैगट', 'डाइक' और 'लेज़ा' जैसे शब्द शामिल हैं।

होमोफोबिक भाषा को अक़्सर 'निरुपद्रवी मज़ाक' के रूप में यह कहकर खारिज कर दिया जाता है कि वह निर्हेतुक होता है। लेकिन, जब होमोफोबिक भाषा का विरोध नहीं होता है, तो इसका युवा बच्चों के स्कूल में अपनापन, आत्म-सम्मान और संपादना की भावना पर स्पष्ट नकारात्मक प्रभाव पड़ता है (किबिरिज और ट्रिल, एन.डी.)।

उभयलिंगी व्यक्ति

परिभाषा/अवधारणा/सन्दर्भ

ऐसा व्यक्ति, जो अपने लिंग के और अपने से अलग लिंग के लोगों के प्रति यौन रूप से आकर्षित होता है, वह उभयलैंगिक कहलाता है। *(तार्शी, 2006)*

उभयलैंगिकता, पुरुषों और महिलाओं या अन्य लिंगों के प्रति एक व्यक्ति के आकर्षण को निर्देश करती है। *(ग्रिफिथ विश्वविद्यालय, 2017)*

उपयोग के उदाहरण

जो लोग दोनों लिंगों के प्रति आकर्षित होते हैं, वे खुद को उभयलिंगी कह सकते हैं। दोनों लिंगों के प्रति आकर्षण की मात्रा समान या कम-ज़्यादा हो सकती है। यह आकर्षण की प्रकृति पर भी लागू होता है। उदाहरण के लिए एक उभयलिंगी व्यक्ति एक ही लिंग के प्रति अधिक यौन रूप से आकर्षित हो सकता है, लेकिन रोमांटिक रूप से विपरीत लिंग के प्रति अधिक आकर्षित हो सकता है।

उपयोग के लिए सावधानियाँ

लोगों को 'उभयलिंगी' लेबल करने या कहने से उभयलैंगिक व्यक्तियों के प्रति एक ऐसी द्वेष और भय की भावना पैदा हो सकती

है, जिसे 'बायफ़ोबिया' कहते हैं। यह आमतौर पर ग़लत धारणाओं में निहित है, जैसे कि 'उभयलैंगिक लोग वफ़ादार नहीं हो सकते', 'वे केवल सिस लोगों से डेटिंग करके लिंग द्वयाधार को बनाये रखते हैं' या 'उभयलैंगिकता केवल समलैंगिकता या विषमलैंगिकता के पहले की एक अवस्था है।' *(थॉमस, 2018)*

पैनसेक्सुअलिटी और पैनसेक्सुअल

परिभाषा/अवधारणा/सन्दर्भ

किसी व्यक्ति को अगर दूसरों की जेंडर पहचान या यौन अभिव्यक्ति के निरपेक्ष उनकी तरफ़ रोमांटिक, भावनात्मक, शारीरिक या आध्यात्मिक आकर्षण हो, तो उसे पैनसेक्सुअलिटी कहते हैं।

दूसरे शब्दों में पैनसेक्शुअल व्यक्ति मानते हैं कि "जेंडर एक सामाजिक आयाम है और यौनिकता के विस्तार (स्पेक्ट्रम) में वह एक प्रवाही अनुभव है।" ख़ुद को पैनसेक्सुअल बताने वाला व्यक्ति अन्य लोगों के जेंडर पर ध्यान केन्द्रित नहीं करते हैं और सभी सम्भावित पहचानों के प्रति आकर्षित हो सकते हैं।

पैनसेक्सुअलिटी और उभयलिंगी के बीच मुख्य अन्तर यह है कि पैनसेक्सुअलिटी लिंग द्वयाधार को अस्वीकार करती है। हालाँकि, उभयलिंगी व्यक्ति भी इस तरह से महसूस कर सकते हैं, पैनसेक्सुअल लोग अक्सर व्यक्त करते हैं कि वे जेंडरक्वियर, लिंग-ग़ैर-अनुरूपता वाले व्यक्तियों, ट्रांस लोगों के साथ-साथ सिसजेंडर पुरुषों और महिलाओं के प्रति आकर्षित हो सकते हैं।" *(पुगाचेवस्की, 2018)*

"पैनसेक्सुअलिटी को एक यौन अभिविन्यास के रूप में दर्शित किया जाता है, जिसमें एक व्यक्ति अपने लिंग या जेंडर पहचान के

बावजूद किसी के प्रति आकर्षण महसूस करता है" *(डॉक्टर एनडीटीवी, 2018)*

उपयोग के उदाहरण

पिछले कुछ वर्षों में, पैनसेक्सुअलिटी एक बड़े शब्द के रूप में विकसित हुई है, जिससे लोगों को अपनी यौनिकता को बेहतर तरीक़े से पहचानने में मदद मिली है। ग्रीक उपसर्ग 'पैन', जिसका अर्थ है 'सभी', उससे 'पैनसेक्सुअल' शब्द उन लोगों का निर्देश करता है, जो आध्यात्मिक, यौन और भावनात्मक रूप से सभी जेंडर के लोगों के प्यार में पड़ सकते हैं। वे पुरुष, महिला, ट्रांसजेंडर, इंटरसेक्स या जेंडरक्वियर लोगों के लिए खुले हैं। (डॉक्टर एनडीटीवी, 2018)

उपयोग के लिए सावधानियाँ

यह व्यक्ति कई साथीदारों के साथ यौन क्रियाओं को दर्शाता है, 'पैनसेक्सुअल' को व्यभिचारी और बहुगामी के रूप में लेबल किया जा सकता है, जो कलंक और भेदभाव पैदा कर सकता है। यह एचआईवी और अन्य यौन संचारित संक्रमणों के मामलों में भी दोष दे सकता है।

अध्ययनों से पता चलता है कि अलग-अलग यौन पहचान, व्यवहार और रिश्तों वाले लोग विभिन्न प्रकार के कलंक का अनुभव करते हैं, जिससे वे मौखिक उत्पीड़न, उपहास का शिकार हो जाते हैं या सामाजिक सम्बन्धों में अलग या कम व्यवहार किया जाता है। *(ऑल्टमैन एट अल, 2012; हेरेक, 2007)*

समाज में इस तरह से कलंकित और वंचित हो जाने से यौन अल्पसंख्यक व्यक्ति का मन मानसिक स्वास्थ्य के तौर पर समस्या प्रवण हो जाता है। *(फ्रिसेल एट अल, 2010; फ्रॉस्ट एंड मेयर, 2009)*

इंटरसेक्स और एंड्रोजिनी

परिभाषा/अवधारणा/सन्दर्भ

इंटरसेक्स व्यक्ति वह है, जो पुरुषों और महिलाओं, दोनों की शारीरिक इन्द्रियों और विशेषताओं के साथ पैदा हुआ है। ये व्यक्ति पुरुष या महिला के रूप में पहचान कर सकते हैं या नहीं भी कर सकते। *(तर्शी, 2006)*

इंटरसेक्स लोग शारीरिक या जैविक यौन विशेषताओं (यौन शरीर रचना, प्रजनन अंगों या गुण सूत्र पैटर्न सहित) के साथ पैदा होते हैं, जो नर या मादा की पारम्परिक परिभाषाओं में फिट नहीं होते हैं। ये लक्षण जन्म के समय स्पष्ट हो सकते हैं या जीवन में बाद में उभर सकते हैं, अक्सर युवावस्था में। *(डब्ल्यूएचओ, 2016)*

उपयोग के उदाहरण

शब्द 'इंटरसेक्स' विशेष रूप से अस्पष्ट यौन अंगों के साथ पैदा हुए लोगों के सन्दर्भ में प्रयोग किया जाता है और विभिन्न प्रकार के होते हैं। लगभग 0.05% से 1.7% मनुष्य इंटरसेक्स लक्षणों (UNHR) के साथ पैदा होते हैं। दूसरी ओर एंड्रोजिनी, बड़े तौर पर यौन और जेंडर के भावों को शामिल करता है। ट्रांसजेंडर में ट्रांससेक्सुअल शामिल हो सकते हैं (वे लोग, जिनके शारीरिक लिंग

और जेंडर पहचान एक पुरुष या महिला संघर्ष के रूप में होती है); ट्रांसवेस्टाइट्स (वे लोग, जो प्रदर्शन के लिए क्रॉस-ड्रेस करते हैं, लेकिन दूसरे लिंग का व्यक्ति नहीं बनना चाहते) और इंटरसेक्स व्यक्ति (वे लोग, जिनकी यौन रचना न तो विशेष रूप से पुरुष है और न ही महिला)। *(स्टडीलिब नेट, एनडी)*

संयुक्त राष्ट्र मानवाधिकार आयोग ने बच्चों के जननांगों को अनावश्यक ठीक करने की सर्जिकल प्रक्रियाओं के अत्यधिक प्रयोग पर चिन्ता जताई है। "उनकी अपरिवर्तनीय प्रकृति और शारीरिक अखण्डता और स्वायत्तता पर प्रभाव को देखते हुए, इस तरह के चिकित्सकीय अनावश्यक, अवांछित सर्जरी या उपचार को प्रतिबन्धित किया जाना चाहिए। इंटरसेक्स बच्चों और उनके परिवारों को साथियों से पर्याप्त परामर्श और समर्थन प्राप्त करना चाहिए।" (यूएनएचआर)

उपयोग के लिए सावधानियाँ

इंटरसेक्स एक जैविक रूप है और यौन अभिविन्यास नहीं है, यह यौन व्यवहार, यौन अभिव्यक्ति, जेंडर अभिविन्यास आदि से सम्बन्ध नहीं रखता है। *(पैक्ट इंक. और आईसीआरडब्ल्यू, 2010)*

थर्ड जेंडर, जेंडरक्वियर और जेंडर फ्लूइड

परिभाषा/अवधारणा/सन्दर्भ

एक व्यक्ति जो ख़ुद को न तो पुरुष बताता है, न ही महिला है बल्कि किसी अन्य लिंग के साथ पहचान बताता है, वह थर्ड जेंडर है। *(किलरमैन, 2013)*

जेंडरक्वियर/थर्ड जेंडर/जेंडर फ्लूइड–इन शब्दों का इस्तेमाल वे लोग करते हैं, जो पुरुष या महिला के बीच या अन्य के रूप में पहचान करते हैं। वे महसूस कर सकते हैं कि वे न तो पुरुष या महिला हैं, न ही दोनों का एक छोटा-सा हिस्सा या वे किसी एक जेंडर लेबल में ख़ुद को जकड़े हुए महसूस कर सकते हैं। *(सीएचपी, एनडी)*

जेंडर फ्लूइड एक ऐसा व्यक्ति है, जो विभिन्न लिंगों को प्रकट और अनुकूलित करने में सक्षम है। *(यूसीएसबी, 2016)*

भारत में ट्रांसजेंडर लोग तब से सुर्खियों में हैं, जब से सुप्रीम कोर्ट ने उन्हें आधिकारिक तौर पर 15 अप्रैल, 2014 को 'थर्ड जेंडर' श्रेणी दी है। *(टीओआई, 2015; जौहरी, 2014)*

उपयोग के उदाहरण

इस जेंडर श्रेणी का उपयोग उन समाजों में होता है, जो अतीत में और आज भी दो, तीन या अधिक लिंगों को पहचानते हैं और यह एक

वैचारिक शब्द भी है, जिसका उपयोग अलग-अलग लोग अलग-अलग अर्थों से करते हैं, जो जेंडर बाइनरी से आगे बढ़ने का एक प्रयास है। *(किलरमैन, 2013)*

उपयोग के लिए सावधानियाँ

कुछ लोगों के लिए ये शब्द आपत्तिजनक है, जबकि अन्य समूहों और समुदायों ने उन्हें सशक्तीकरण के रूप में यह दावा करने के लिए इस्तेमाल किया है कि वे विषमलैंगिक नहीं हैं, ग़ैर-अनुरूपतावादी हैं, एक प्रमुख विषमलैंगिक ढाँचे के ख़िलाफ़ हैं और उन लोगों पर इस्तेमाल किये गये 'लेबल' से असन्तुष्ट हैं, जो विषमलैंगिक के रूप में पहचान करते हैं।

इसलिए इन शब्दों का उपयोग करने से पहले सन्दर्भ को समझना उचित है या 'यदि सन्देह है, तो पूछें' का सिद्धान्त लागू करें।

ट्रांसजेंडर, ट्रांससेक्शुअल, ट्रांसजेंडर और जेंडर-नॉनकन्फर्मिंग (टीजीएनसी) और शिव-शक्तियाँ

परिभाषा/अवधारणा/सन्दर्भ

ट्रांसजेंडर सामूहिक रूप से उन लोगों को निर्देश करता है, जो ज़नाना पुरुषों या मर्दाना महिलाओं के रूप में व्यवहार करके सख़्त जेंडर मानदण्डों को चुनौती देते हैं, 'तीसरे लिंग' की भूमिकाओं को अपनाते हैं या अपने शरीर को वांछित सेक्स के रूप में समायोजित करने के लिए हार्मोनल और सर्जिकल उपचार शुरू करते हैं। ट्रांसजेंडर व्यक्ति अक्सर पाते हैं कि जन्म के समय उन्हें दिया गया लिंग उनके जीवन में अनुभव की जाने वाली जेंडर पहचान की सहज भावना से मेल नहीं खाता है।

एक व्यक्ति जो उन्हें प्रदान किये गये जेंडर के साथ पहचान नहीं करता है। वे ख़ुद को 'तीसरा लिंग' मान सकते हैं या नहीं भी। ट्रांसजेंडर लोग वे पुरुष हो सकते हैं, जो महिलाओं की तरह कपड़े पहनते हैं, कार्य करते हैं या व्यवहार करते हैं या वे महिलाएँ जो पुरुषों की तरह कपड़े पहनती हैं, कार्य करती हैं या व्यवहार करती हैं। हालाँकि, वे अनिवार्य रूप से समलैंगिक के रूप में पहचान नहीं करते हैं। *(तार्शी, 2006)*

ट्रांसजेंडर और जेंडर-नॉन-कन्फॉर्मिंग (टीजीएनसी) लोग वे होते हैं, जिनकी जेंडर पहचान होती है, जो जन्म के समय उनके लिंग के साथ पूरी तरह से मेल नहीं खाती। *(एपीए, 2015)*

उदाहरण के लिए–'जेंडरक्वियर' उन लोगों के लिए एक पश्चिमी शब्द है, जो पुरुष या महिला के अलावा किसी अन्य जेंडर के रूप में पहचान करते हैं। *(ओएसएफ, 2013)*

शिव-शक्तियाँ – आमतौर पर आन्ध्र प्रदेश में ट्रांसजेंडरों का एक समुदाय है। शिव-शक्ति ऐसे पुरुष होते हैं, जिन्हें देवताओं, विशेष रूप से भगवान शिव से 'विवाहित' माना जाता है।

धार्मिक अनुष्ठानों और त्योहारों के दौरान वे महिलाओं के रूप में जेंडर अभिव्यक्ति और क्रॉस-ड्रेस करते हैं। वे आमतौर पर ज्योतिषी या आध्यात्मिक उपचारक के रूप में काम करते हैं। समुदाय की रक्षा गुरु करते हैं, जो शिष्यों को शामिल करते हैं और उन्हें काम के लिए प्रशिक्षित करते हैं। *(जौहारी, 2014)*

उपयोग के उदाहरण

'ट्रांसजेंडर' शब्द का प्रयोग कानूनी, चिकित्सा शब्दावली में, कार्यकर्ताओं और व्यक्तियों द्वारा जेंडर ग़ैर-अनुरूपता की एक विस्तृत शृंखला को दर्शाने के लिए किया जाता है। एक व्यक्ति ट्रांसजेंडर शब्द का उपयोग कर सकता है या नहीं कर सकता है और इसके बजाय एक संस्कृति-विशिष्ट मार्कर के साथ पहचान कर सकता है, जैसे कि हिजड़ा, किन्नर, नुपी मानबी आदि।

ट्रांसजेंडर लोगों, विश्व स्तर पर मान्यता प्राप्त छाता शब्द, को हाल में 'ऐसे व्यक्तियों के रूप में परिभाषित किया गया था, जिनकी जेंडर पहचान या उनके जेंडर की अभिव्यक्ति जन्म के जेंडर से सम्बन्धित सामाजिक मानदण्डों से भिन्न होती है। शब्द 'ट्रांसजेंडर लोग' पहचान, भूमिकाओं और अनुभवों की एक विस्तृत शृंखला का

वर्णन करते हैं, जो एक संस्कृति से दूसरी संस्कृति में काफी भिन्न हो सकते हैं।" *(यूएनएड्स, 2010)*

उपयोग के लिए सावधानियाँ

यह समझना महत्त्वपूर्ण है कि ट्रांसजेंडर और ट्रांससेक्सुअल ख़ुद को समलैंगिक, उभयलिंगी या विषमलैंगिक के रूप में पहचान सकते हैं या नहीं। वे महिला से पुरुष ट्रांससेक्सुअल, पुरुष से महिला ट्रांससेक्सुअल हो सकते हैं या दोनों में से किसी के रूप में पहचाने नहीं जाने का विकल्प चुन सकते हैं। *(तार्शी, 2006)*

ट्रांसजेंडर समुदाय के भीतर लोगों से बात करने से यह स्पष्ट है कि मोटे अर्थ वाले व्यापक शब्द ऐसे व्यक्तियों से मेल नहीं खाते, जो स्वयं को ट्रांससेक्सुअल, ट्रांसवेस्टाइट्स, ट्रांस महिला, ट्रांसजेंडर लोगों, ट्रांसपीपल, ट्रैवेस्टिस, हिजरा या इंटरसेक्स लोगों के रूप में पहचानते हैं या कुछ शब्दों के साथ विभिन्न देशों और महाद्वीपों में पसन्द करते हैं। एक ट्रांसजेंडर व्यक्ति को समलैंगिक, विषमलैंगिक या उभयलिंगी माना जा सकता है, यह जटिल हो सकता है, उदाहरण के लिए एक पुरुष-से-महिला ट्रांसजेंडर व्यक्ति के बारे में बात करना, जो महिलाओं के प्रति आकर्षित होती है। *(यूएनएड्स, 2010)*

ट्रांसजेंडर व्यक्तियों द्वारा सर्जरी या हार्मोन थेरेपी जैसी चिकित्सा प्रक्रियाओं की आवश्यकता हो भी सकती है और नहीं भी। 'ट्रांसजेंडर' की एक क़ानूनी और चिकित्सा परिभाषा अक्सर रिडक्टिव होती है और इससे जेंडर की ग़लत पहचान हो सकती है। इसलिए स्वयं पहचान ही आवश्यक है। *(जैन और देबनुज, 2021)*

बहुत से लोग 'आउट होने' को एक जेंडर पहचान से दूसरे में संक्रमण के बजाय हमेशा से मौजूद जेंडर पहचान की पुष्टि के रूप में देखते हैं। वे ख़ुद को 'पुष्टि की हुई महिला' कहना पसन्द कर सकते हैं (सिर्फ 'महिला') या 'पुष्टि किये गये पुरुष' (सिर्फ

'पुरुष'), 'ट्रांसजेंडर' या 'ट्रांससेक्सुअल' के बजाय, क्योंकि 'ट्रांस' उपसर्ग से पता चलता है कि उन्होंने अपनी वास्तविक जेंडर पहचान को स्वीकार करने के बजाय बदल दिया है। यह इस अवधारणा के अनुरूप है कि लोगों को अपने जेंडर की पुष्टि करने के लिए सर्जरी की आवश्यकता नहीं है। *(फेनवेहेल्थ, 2010)*

इस प्रकार, इन शब्दावली का उपयोग करने से पहले 'यदि आप नहीं जानते हैं, तो पूछें' के सिद्धान्त का पालन करना हमेशा उचित होता है।

हिजड़ा, किन्नर, अरवानी और जोगती हिजरा

परिभाषा/अवधारणा/सन्दर्भ

ये भारतीय उपमहाद्वीप की कई संस्कृतियों और परम्पराओं में निहित जेंडर अल्पसंख्यक हैं।

ये शब्द उन लोगों को निर्देशित करते हैं, जो कैस्ट्रेशन की इच्छा रखते हैं या कराते भी हैं और कुछ इंटरसेक्स व्यक्ति हैं। यद्यपि कुछ हिजड़े स्वयं को स्त्रीलिंग में निर्देश करते हैं, अन्य कहते हैं कि वे तीसरे लिंग से सम्बन्धित हैं और न तो पुरुष हैं और न ही महिला। *(तार्शी, 2006)*

उपयोग के उदाहरण

भारत में हिजड़े समाज उसके अपने दीक्षा अनुष्ठानों और व्यवसायों (जैसे माँगनी करना, शादियों में नृत्य करना या बच्चों को आशीर्वाद देना) के साथ एक समुदाय के रूप में पहचाने जाते हैं। उनकी अपनी सांकेतिक भाषा भी है, जो फ़ारसी और हिन्दुस्तानी से निर्मित है और 'हिजड़ा फ़ारसी' कहलाती है। *(जौहरी, 2014)*

उत्तर भारत में 'किन्नर' शब्द का प्रयोग हिजड़ों के लिए किया जाता है। महाराष्ट्र आदि भारत के अन्य हिस्सों में 'किन्नर' शब्द का इस्तेमाल पढ़े लिखे हिजड़ा व्यक्ति ख़ुद के लिए करते हैं। (जौहारी, 2014)

तमिलनाडु में हिजड़ों के लिए 'अरवानी' शब्द का प्रयोग किया जाता है। वे ख़ुद को पुरुष शरीर में फँसी महिलाएँ मानते हैं। कई अरवानी 'तिरुनंगई' कहलाना पसन्द करती हैं। *(जौहरी, 2014)*

जोगती हिजड़ा–महाराष्ट्र और कर्नाटक में जोगता और जोगती उन पुरुष और महिला सेवकों को कहते हैं, जो विभिन्न मन्दिरों में अपना जीवन देवताओं को समर्पित करते हैं (समर्पित करने के लिए मजबूर किया जाता है)। जोगती हिजड़ा पुरुष-से-महिला ट्रांसजेंडरों को निर्देश करता है, जो ख़ुद को एक विशेष भगवान की सेवा के लिए समर्पित करते हैं। *(जौहारी, 2014)*

ट्रांसजेंडर समुदाय के भीतर लोगों से बात करने से यह स्पष्ट है कि मोटे अर्थ वाले व्यापक शब्द ऐसे व्यक्तियों से मेल नहीं खाते, जो स्वयं को ट्रांससेक्सुअल, ट्रांसवेस्टाइट्स, ट्रांस महिला, ट्रांसजेंडर लोगों, ट्रांसपीपल, ट्रैवेस्टिस, हिजरा या इंटरसेक्स लोगों के रूप में पहचानते हैं या कुछ शब्दों के साथ विभिन्न देशों और महाद्वीपों में पसन्द करते हैं। एक ट्रांसजेंडर व्यक्ति को समलैंगिक, विषमलैंगिक या उभयलिंगी माना जा सकता है, यह जटिल हो सकता है, उदाहरण के लिए एक पुरुष-से-महिला ट्रांसजेंडर व्यक्ति के बारे में बात करना, जो महिलाओं के प्रति आकर्षित होती है। *(यूएन एड्स, 2010)*

फ़ारसी शब्द 'हिजड़ा' का अंग्रेज़ी में अनुवाद 'नपुंसक' किया जाता है, लेकिन नपुंसकों के विपरीत, हिजड़ों को लिंगच्छेद अनिवार्य नहीं होता है। भारतीय सुप्रीम कोर्ट के फ़ैसले के अनुसार, हिजड़े जैविक पुरुष हैं, जो अपनी मर्दाना पहचान को नकारते हैं या तो ख़ुद को महिला या 'अपुरुष' या 'पुरुष' और महिला के बीच' या 'न ही पुरुष, न ही महिला' बताते हैं।

नपुंसक एक ऐसे व्यक्ति को निर्देश करता है, जो पुरुष पैदा होता है, लेकिन निर्बल या बधिया होता है। 'किन्नर' शब्द इंटरसेक्स व्यक्ति का भी निर्देश कर सकता है, जिसके जननांग जन्म के समय अस्पष्ट रूप से पुरुष जैसे होते हैं। *(जौहारी, 2014)*

नुपी मानबी और फ़ैदा

परिभाषा/अवधारणा/सन्दर्भ

मणिपुर के स्थानीय मैतेई समुदाय में ट्रांसवुमन के लिए 'नुपी मानबी' शब्द का इस्तेमाल किया जाता है। चीथारोन कुम्पापा नामक प्राचीन मणिपुरी दस्तावेज़ों में निर्देश है कि प्राचीन काल से मणिपुर के राजाओं की सेवा करने वाले ट्रांसजेंडर लोगों को 'फ़ैदा' के नाम से जाना जाता है। (फ़ैदा, 2020)

यद्यपि मणिपुर में 'ट्रांसजेंडर' शब्द का भी व्यापक रूप से उपयोग होता है, मणिपुर की ट्रांसवुमन अपनी विशिष्ट सांस्कृतिक और जातीय जेंडर पहचान पर ज़ोर देने के लिए ख़ुद को 'नुपी मानबी' कहती हैं (फीदा, 2020)।

उपयोग के उदाहरण

'ऑल मणिपुर नुपी मानबी एसोसिएशन' (AMANA) मणिपुर की सभी नुपी मानबियों का एक शीर्ष संगठन है। मणिपुर की अधिकांश ट्रांसवुमेन, आजकल ख़ुद को नुपी मानबी के रूप में पहचानती हैं। यह शब्द मणिपुर में 'ट्रांसजेंडर' शब्द के साथ-साथ सार्वजनिक चर्चाओं में इस्तेमाल किया जाने वाला शब्द है।

इस शब्द का उपयोग मणिपुर के अन्य यौन और लैंगिक अल्पसंख्यकों द्वारा नहीं किया जाता है, जो समलैंगिक पुरुष, समलैंगिक महिला, उभयलिंगी आदि के रूप में पहचान करते हैं।

उपयोग के लिए सावधानियाँ

'नुपी मानबी' शब्द का प्रयोग विशेष रूप से मणिपुर के मैतेई समुदाय की ट्रांसवुमेन के लिए किया जाता है। इसलिए किसी को इसे मणिपुर में या सामान्य रूप से पूर्वोत्तर भारत में, जो दो से अधिक जातीय समुदायों का स्थान है, ट्रांसजेंडर या अन्य समुदायों के ट्रांसजेंडर के लिए एक सामान्य शब्द के रूप में उपयोग नहीं करना चाहिए।

कोथि

परिभाषा/अवधारणा/सन्दर्भ

'एक ज़नाना पुरुष पहचान, जिसे भारतीय उपमहाद्वीप में कुछ लोगों द्वारा अपनाया जाता है और जेंडर ग़ैर-अनुरूपता द्वारा निर्दिष्ट किया जाता है। कोथि जैविक रूप से पुरुष होते हुए ड्रेसिंग, भाषण और व्यवहार में स्त्री तरीक़े को अपनाती है और एक ऐसे पुरुष साथी की तलाश करती है, जिसका व्यवहार, भाषण और पोषाक मर्दाना हो। कुछ का मानना है कि यह कोई पहचान नहीं, बल्कि एक व्यवहार है।

कोथियों को 'पुरुषों के साथ यौन सम्बन्ध रखने वाले पुरुषों' (एमएसएम) में गिनना अधिक योग्य हो सकता है, क्योंकि कई कोथियों में स्त्री के तौर-तरीक़े दिखाई देते हैं।

वे स्त्री वस्त्र पहन भी सकते हैं और नहीं भी। यौन सम्भोग में वे आमतौर पर लेने का काम करते हैं। उनके साथी अधिक मर्दाना लगते हैं और कोथि आमतौर पर उन्हें पन्थी के नाम से सम्बोधित करते हैं। कोथि व्यक्ति एक दूसरे के साथ यौन सम्बन्ध नहीं बनाते। *(नाको, 2014)*

उपयोग के लिए सावधानियाँ

यौन क्रियाओं में उनकी निष्क्रिय भूमिका के कारण, जेंडर-आधारित भेदभाव के अन्य रूपों के साथ, 'कोथि' शब्द का प्रयोग अक्सर

एक अपमानजनक अर्थ में किया जाता है–जब तक कि कुछ लोगों द्वारा आत्म-पहचान के लिए उपयोग नहीं किया जाता है।

उपयोग के उदाहरण

विभिन्न अध्ययनों के निष्कर्षों ने सामाजिक, संस्थागत सन्दर्भों और कलंक के अनुभवों को प्रतिच्छेद करने का पर्दाफ़ाश किया, पुलिस, समुदाय, परिवार और स्वास्थ्य देखभाल प्रणालियों में भेदभाव और हिंसा के साथ-साथ एमएसएम या कोथि के लिए रोशन करने वाले परिणाम। बहु-प्रणालीगत संरचनात्मक हिंसा कोथियों को एचआईवी संक्रमण और एड्स के लिए अत्यधिक जोखिम में डालती है। *(चक्रपानी एट अल, 2007)* एक अध्ययन में पाया गया कि भारतीय एमएसएम के बीच कलंक प्रचलित था और एमएसएम के बीच अधिक स्पष्ट था, जिसे कोथि के रूप में पहचाना गया था। *(थॉमस एट अल, 2012)*

क्योंकि इस शब्द का प्रयोग सेक्स के कार्य, सेक्स के दौरान भूमिका या भागीदारों के बीच घनिष्ठ सम्बन्ध को दर्शाने के लिए किया जाता है, इसलिए इन आबादी से बात करते समय इसे संवादात्मक भाषा के रूप में उपयोग करना अनुचित है। उपयोग से समूह के भीतर और समूह के बाहर भी कलंक लग सकता है।

सेक्स रिअसाइनमेंट, जेंडर रीअसाइनमेंट, जेंडर कन्फर्मेशन सर्जरी (GCS) और एफटीएम/एफ2एम या एमटीएफ/एमएफ

परिभाषा/अवधारणा/सन्दर्भ

"प्रक्रियाओं की एक जटिल श्रृंखला, जिसे लोग एक लिंग से दूसरे लिंग में बदलने के लिए गुज़रते हैं। इनमें हार्मोन थेरेपी, हेयर ट्रांसप्लांट या हटाने, भाषण चिकित्सा किसी के यौन और कभी-कभी प्रजनन अंगों को बदलने के लिए सर्जरी शामिल हैं।" *(तार्शी, 2006)*

"जेंडर रीअसाइनमेंट में आमतौर पर एक नैदानिक चरण (ज़्यादा एक मानसिक स्वास्थ्य पेशेवर द्वारा समर्थित) होता है, इसके बाद हार्मोनल थेरेपी (एक एंडोक्रिनोलॉजिस्ट के माध्यम से), एक वास्तविक जीवन का अनुभव होता है और अन्त में जेंडर रीअसाइनमेंट सर्जरी ही होती है।" *(मॉन्स्ट्रे एट अल, 2011)*

'कमिंग आउट' शब्द का प्रयोग उस प्रक्रिया के लिए किया जाता है, जब कोई व्यक्ति दूसरे लोगों को अपने यौन अभिविन्यास या जेंडर पहचान को खुलकर बताते हैं। *(यूसीडीवीआईएस, एनडी)*

एफटीएम/एफ2एम या एमटीएफ/एम2एफ जैसे कुछ संक्षिप्ताक्षरों का उपयोग संक्रमण का वर्णन करने के लिए किया जाता है, जिसमें एक महिला-से-पुरुष ट्रांसजेंडर या ट्रांससेक्सुअल

व्यक्ति या पुरुष-से-महिला ट्रांसजेंडर या ट्रांससेक्सुअल व्यक्ति शामिल हैं।" *(किलरमैन और बोल्गर, 2015)*

उपयोग के उदाहरण

इस शब्द का प्रयोग चिकित्सकों द्वारा जेंडर रीअसाइनमेंट के उपचार की व्याख्या करने के लिए किया जाता है, जो ऐसी प्रक्रियाओं को चुनना चाहते हैं। इस शब्द का प्रयोग साहित्य में ट्रांससेक्सुअल की अपने दिमाग़ के साथ जेंडर को संरेखित करने की इच्छा की अवधारणा का वर्णन करने के लिए भी किया जाता है।

यह ध्यान रखना चाहिए कि चिकित्सा प्रक्रियाओं का चयन एक व्यक्तिगत पसन्द है और इसमें मुफ्त, सूचित और पूर्व सहमति शामिल होनी चाहिए। वास्तव में सभी जेंडर और कामुकताओं के मनुष्य कई परिवर्तनों से गुज़रते हैं–कॉस्मेटिक, सर्जिकल आदि, जिससे शरीर का पुनर्गठन होता है और हर समय जेंडर को फिर से परिभाषित किया जाता है।

उपयोग के लिए सावधानियाँ

अध्ययनों से पता चलता है कि जब व्यक्ति अपने निर्धारित जेंडर के बाहर अपने शरीर को परिवर्तित करते हैं, तो इसे विचलन और सामाजिक रूप से अस्वीकार्य के रूप में देखा जाता है–इस प्रकार यह कलंकित हो जाता है।

इस कथित विचलन से जुड़ा कलंक व्यक्ति की पहचान का हिस्सा बन सकता है, जो उन्हें रूढ़ियों के अधीन कर सकता है, जैसे कि मानव से कम के रूप में देखा जाना और मानव अधिकारों से वंचित होना। (मेयूक्स, 2009)

इसलिए इस शब्द का उपयोग करने से पहले 'सन्दर्भ' और 'यदि आप नहीं जानते हैं, तो पूछें' के सिद्धान्त को लागू करना उचित है।

किसी के लिंग को बदलना एक-चरणीय प्रक्रिया नहीं है, यह एक जटिल प्रक्रिया है, जो लम्बी अवधि में होती है। 'संक्रमण' में कुछ या सभी निम्नलिखित व्यक्तिगत, चिकित्सा और क़ानूनी क़दम शामिल हो सकते हैं, जिसमें किसी के परिवार, दोस्तों और सहकर्मियों को बताना, एक अलग नाम और नये सर्वनाम का उपयोग करना, अलग तरह से कपड़े पहनना, किसी का नाम बदलना या क़ानूनी तौर से दस्तावेज़ पर लिंग लिखना, हार्मोन थेरेपी और सम्भवतः (हालाँकि हमेशा नहीं) एक या अधिक प्रकार की सर्जरी शामिल है। संक्रमण में शामिल सटीक क़दम एक व्यक्ति से दूसरे व्यक्ति में भिन्न होते हैं।

'सेक्स चेंज ऑपरेशन' का ज़िक्र करते समय 'सेक्स चेंज', 'प्रीऑपरेटिव', 'पोस्टऑपरेटिव' वाक्यांशों से बचें। 'प्रीऑपरेटिव' या 'पोस्टऑपरेटिव' जैसे शब्द ग़लत तरीक़े से सुझाव देते हैं कि संक्रमण के लिए किसी व्यक्ति की सर्जरी होनी चाहिए। ट्रांसजेंडर लोगों या संक्रमण की प्रक्रिया पर चर्चा करते समय सर्जरी पर अधिक ज़ोर देने से बचें। *(ग्लैड, एन.डी.)*

ट्रांसवेस्टाइट और क्रॉस-ड्रेसर

परिभाषा/अवधारणा/सन्दर्भ

"वे व्यक्ति जो नियमित रूप से या कभी-कभी सामाजिक रूप से किसी जेंडर को सौंपे गये कपड़े पहनते हैं, जो उनके अपने नहीं होते हैं, लेकिन आमतौर पर अपनी शारीरिक रचना के साथ सहज होते हैं और इसे बदलना नहीं चाहते हैं (वे ट्रांससेक्सुअल नहीं हैं)। *(होम्स, 2003)*।

"एक व्यक्ति जो ऐसे कपड़े पहनता है, जो आमतौर पर यौन उत्तेजना या सन्तुष्टि के उद्देश्यों के लिए दूसरे जेंडर के लोगों द्वारा पहने जाते हैं। ट्रांसवेस्टाइट्स अक्सर ऐसे पुरुष होते हैं, जो आमतौर पर महिलाओं द्वारा पहने जाने वाले कपड़े पहनते हैं। उन्हें क्रॉस-ड्रेसर के रूप में भी जाना जाता है।" *(तार्शी, 2006)*

उपयोग के उदाहरण

क्रॉस-ड्रेसर उन पुरुषों के लिए पसन्दीदा शब्द है, जो महिलाओं के कपड़ों और सामाजिक भूमिकाओं का आनन्द लेते हैं या पसन्द करते हैं। आम धारणा के विपरीत, पुरुष क्रॉस-ड्रेसर भारी बहुमत में विषमलैंगिक और अक्सर विवाहित होते हैं। बहुत कम महिलाएँ खुद को क्रॉस-ड्रेसर कहती हैं। *(होम्स, 2003)*

भारत में ट्रांसवेस्टाइट अभिनेताओं के साथ समृद्ध कई नाट्य परम्पराएँ हैं–महिला भूमिकाओं में पुरुष कलाकार। उदाहरण के

लिए, बंगाल की जात्रा, मणिपुरी की नुपी शबी, शुमांग लीला आदि। भारतीय महाकाव्यों और पौराणिक कथाओं जैसे कि वृहन्नली और मोहिनी, क्रमशः अर्जुन और विष्णु द्वारा अपनायी गयी महिला रूपों से पर्याप्त उदाहरण मिल सकते हैं।

उपयोग के लिए सावधानियाँ

समुदाय के भीतर लोगों से बात करने से, यह स्पष्ट है कि व्यापक ब्रशस्ट्रोक ऐसे व्यक्तियों के ढेरों के साथ अच्छी तरह से नहीं बैठते हैं जो स्वयं को ट्रांससेक्सुअल, ट्रांसवेस्टाइट्स, ट्रांस महिला, ट्रांसजेंडर लोगों, ट्रांसपीपल, ट्रेवेस्टिस, हिजड़ा या इंटरसेक्स लोगों के रूप में पहचानते हैं, कुछ शर्तों के साथ विभिन्न देशों और महाद्वीपों में पसन्द करते हैं। एक ट्रांसजेंडर व्यक्ति को समलैंगिक, विषमलैंगिक या उभयलिंगी माना जा सकता है, यह जटिल हो सकता है। उदाहरण के लिए एक पुरुष-से-महिला ट्रांसजेंडर व्यक्ति के बारे में बात करना, जो महिलाओं के प्रति आकर्षित होता है। *(यूएनएड्स, 2010)*

इस प्रकार, इन शब्दावली का उपयोग करने से पहले 'यदि आप नहीं जानते हैं, तो पूछें' के सिद्धान्त का पालन करना हमेशा उचित होता है।

ड्रैग किंग और ड्रैग क्वीन

परिभाषा/अवधारणा/सन्दर्भ

'ड्रैग क्वीन' उन महिलाओं को निर्देश करता है, जो बार, क्लब या अन्य कार्यक्रमों में दूसरों का मनोरंजन करने के उद्देश्य से पुरुषों के रूप में कपड़े पहनती हैं।" (एससी कैडवास, 2015) "एक आदमी जो शो और अन्य कार्यक्रमों में पेशेवर प्रदर्शन करने के लिए व्यंग्य और असाधारण तरीक़े से महिलाओं के कपड़े पहनता है। एक ड्रैग क्वीन को एक प्रकार की 'महिला प्रतिरूपणकर्ता' माना जा सकता है, क्योंकि महिलाओं के कपड़ों का उपयोग कलात्मक मुद्दों से सम्बन्धित है–लेकिन अन्तर यह है कि उनका उपयोग आवश्यक रूप से हास्य और अतिशयोक्ति पर केन्द्रित है।" *(एबीजीएलटी, 2010)*

उपयोग के उदाहरण

शब्द 'ड्रैग किंग' का उपयोग उन महिलाओं के लिए किया जाता है जो बार, क्लब या अन्य कार्यक्रमों में दूसरों का मनोरंजन करने के उद्देश्य से पुरुषों के रूप में कपड़े पहनती हैं। *(एससीकैडवास, 2015)* 'ड्रैग क्वीन' शब्द उन पुरुषों को निर्देश करता है, जो महिलाओं के कपड़े पहनते हैं या पुरुष जो महिला का रूप धारण करते हैं। वे आमतौर पर ट्रांसजेंडर नहीं होते हैं। (पैक्ट इंक और आईसीआरडब्ल्यू, 2010)

"ड्रैग" शब्द का इस्तेमाल कॉमेडी में विषमलैंगिक पुरुषों द्वारा महिलाओं के कपड़े धारण करने के लिए भी किया जाता है (मैकइनटायर, 2018)

उपयोग के लिए सावधानियाँ

यह महत्त्वपूर्ण है कि किसी को यह नहीं मानना चाहिए कि वे समलैंगिक, ट्रांसजेंडर या अन्य जेंडर समूहों के लोग हैं। सन्दर्भ को समझना और 'यदि आप नहीं जानते हैं, तो पूछें' के सिद्धान्त को लागू करना बेहतर है। इस प्रकार हमें समलैंगिकों, ट्रांसजेंडर आदि के लिए इस शब्द का उपयोग करने से बचने की आवश्यकता है। *(SCCADVASA, 2015)*

सीधे शब्दों में कहें 'ट्रांसजेंडर' एक व्यक्तिगत जेंडर पहचान और स्वयं की एक प्रामाणिक, स्थायी भावना को निर्देश करता है। इसके विपरीत, 'ड्रैग' जेंडर का एक अस्थायी और जान-बूझकर किया गया प्रदर्शन है। *(मैकइनटायर, 2018)*

ड्रैग किंग और ड्रैग क्वीन 'ट्रांसजेंडर' के बजाय 'ट्रांसवेस्टाइट' की अवधारणा के अन्तर्गत आते हैं। यह विशेष रूप से पश्चिमी मूल की उप-संस्कृति है; इसे अन्य ग़ैर-पश्चिमी ट्रांसवेस्टाइट प्रदर्शनों से उलझाना नहीं चाहिए।

एलजीबीटीक्यूआईए+, जीएसएम, डीएसजी और क्विल्टबैग

परिभाषा/अवधारणा/सन्दर्भ

"एलजीबीटीक्यू व्यापक क्वियर समुदाय के लिए एक संक्षिप्त रूप है। यह समलैंगिक महिला, समलैंगिक पुरुष, उभयलिंगी, ट्रांस और क्वियर के लिए लिखा जाता है। कभी-कभी 'क्यू' भी 'प्रश्न' (उनकी कामुकता पर सवाल उठाने वाले) का प्रतिनिधित्व करता है या इसे 'एलजीबीटीक्यूक्यू' या 'एलजीबीटीक्यू+' के रूप में लिखा जाता है। मूलरूप से जीएलबीटी, एलजीबीटी या एलजीबीटीक्यूआई अक्षर भी हो सकते हैं (इंटरसेक्स के लिए 'आई' जोड़ना) और 'ए' ('अलैंगिक' या कभी-कभी 'सहयोगी') के रूप में दिखाई देते हैं।" (थॉमस, 2018; होम्स, 2003; हैमिल्टन, एनडी; फेनवेहेल्थ, 2010)।

"एलजीबीटीक्यू समलैंगिक महिला, समलैंगिक पुरुष, उभयलिंगी, ट्रांसजेंडर और क्वियर या पूछताछ है (कभी-कभी अधिक समावेशी होने के प्रयास में अंत में '+' के साथ); जीएसएम जेंडर और यौन अल्पसंख्यक है; डीएसजी विविध लिंग और कामुकता है। क्विल्टबैग क्वियर (या पूछताछ), अनिर्णीत, इंटरसेक्स, समलैंगिक,

ट्रांस, उभयलिंगी, अलैंगिक (या सम्बद्ध), और समलैंगिक पुरुष (या जेंडरक्यूअर) है।" *(किलरमैन और बोल्गर, 2015)*

उपयोग के उदाहरण

एलजीबीटीक्यूआईए+ शब्द का इस्तेमाल कभी-कभी यौन और जेंडर अल्पसंख्यकों को दर्शाने के लिए किया जाता है–एक समावेशी छाता शब्द, जिसका इस्तेमाल किसी ऐसे व्यक्ति का वर्णन करने के लिए किया जाता है, जो विषमलैंगिक के रूप में पहचान नहीं करता है या किसी की संस्कृति में उनके उपयुक्त 'जेंडर बॉक्स' के रूप में परिभाषित नहीं होता है। इस समूह में समलैंगिक महिला, समलैंगिक पुरुष, उभयलिंगी, ट्रांसजेंडर लोग, इंटरसेक्स लोग, ऐसे पुरुष शामिल हो सकते हैं, जो समलैंगिक के रूप में पहचान नहीं करने वाले पुरुषों के साथ यौन सम्बन्ध रखते हैं, जो महिलाएँ समलैंगिक के रूप में पहचान नहीं करने वाली महिलाओं के साथ यौन सम्बन्ध रखती हैं और अन्य जो ख़ुद को यौन अल्पसंख्यक मानते हैं। *(पैक्ट इंक और आईसीआरडब्ल्यू, 2010)*

संक्षिप्त नाम बदल सकता है और उस उद्देश्य के आधार पर बढ़ाया जा सकता है, जिसके लिए इसका उपयोग किया जाता है। साथ ही साथ संगठन, जो इसे नियोजित करता है। प्रचलित विषमलैंगिकता की पृष्ठभूमि के ख़िलाफ़, इस संक्षिप्त नाम का उपयोग अक्सर भेदभाव और असमानताओं के सम्बन्ध में किया जाता है, जो व्यक्ति अपनी यौन वरीयता या जेंडर पहचान के कारण सहन करते हैं। *(लेबनान सपोर्ट, 2017)*

उपयोग के लिए सावधानियाँ

यह धारणा कि समलैंगिक पुरुष, समलैंगिक महिला या उभयलिंगी होना एक मनोवैज्ञानिक विकार है, को 1970 के दशक में अमेरिकन

साइकोलॉजिकल एसोसिएशन और अमेरिकन साइकियाट्रिक एसोसिएशन द्वारा बदनाम किया गया था। आज एलजीबीटी लोगों को मानव से कम, मानसिक रूप से बीमार या समाज के लिए एक खतरे के रूप में चित्रित करने के लिए अक्सर 'विचलित' 'रोगग्रस्त' और 'अव्यवस्थित' जैसे शब्दों का उपयोग किया जाता है। समलैंगिक समुदाय के बारे में कहानियों में इस तरह के शब्दों से बचना चाहिए। *(ग्लैड, एनडी)*

हालाँकि, अतिव्यापी, यौन और जेंडर अल्पसंख्यकों के संघर्ष के अलग-अलग रूप हैं और व्यक्ति को सावधान रहना चाहिए कि दोनों का मिश्रण न हो। एक ट्रांसजेंडर व्यक्ति का जीवन अनुभव और संघर्ष एक समलैंगिक व्यक्ति के अनुभव से काफ़ी अलग हो सकता है।

समलैंगिक महिला

परिभाषा/अवधारणा/सन्दर्भ

"समलैंगिक महिला शब्द का उपयोग उन महिलाओं के लिए किया जाता है, जो महिलाओं के प्रति आकर्षित होती हैं। हालाँकि, समलैंगिक महिलाएँ भी कभी-कभी खुद का वर्णन करने के लिए समलैंगिक शब्द का उपयोग करती हैं।" *(यूएससीआईएस, 2011)*

उपयोग के उदाहरण

पहचानी गयी महिलाओं का वर्णन करने के लिए इस्तेमाल किया जाने वाला शब्द, जो अन्य पहचानी गयी महिलाओं के प्रति भावनात्मक, शारीरिक और यौन रूप से आकर्षित होती हैं। *(यूसीएसबी, 2016)*

समलैंगिक महिलाओं और समलैंगिक पुरुषों को एक बार आमतौर पर समलैंगिक के रूप में वर्गीकृत किया गया था, लेकिन अब इस शब्द का उपयोग नहीं किया जाता है, क्योंकि इसका मानसिक स्वास्थ्य विकार के रूप में ग़ैर-विषमलैंगिक झुकाव वाले लोगों के ग़लत तरीक़े से विकृतीकरण का इतिहास है। *(डब्ल्यूएचओ, 2016)*

उपयोग के लिए सावधानियाँ

अध्ययनों से पता चलता है कि स्वास्थ्य देखभाल प्रणाली के भीतर पूर्वाग्रहपूर्ण दृष्टिकोण और भेदभावपूर्ण अनुभव स्वास्थ्य की

तलाश करने वाले व्यवहार और स्वास्थ्य-जोखिम कारकों के पैटर्न को नकारात्मक रूप से प्रभावित करते हैं।

स्वास्थ्य देखभाल कर्मियों द्वारा विषमलैंगिकता की धारणा और कुछ मामलों में समलैंगिकों को स्वास्थ्य देखभाल से पूरी तरह इनकार करना भी ऐसे कारक हैं, जो स्वास्थ्य अधिकारों को कमज़ोर करते हैं। ये प्रणालीगत भेदभाव समलैंगिक महिलाओं के यौन अधिकारों और विकल्पों से समझौता करते हैं। *(न्यायाधीश और डाइक, 2008)*

नकारात्मक निहितार्थ को ध्यान में रखते हुए शब्द का आकस्मिक उपयोग ला सकता है, 'सन्दर्भ' और 'यदि सन्देह है, तो पूछें' के सिद्धान्तों को लागू करना उचित है।

समलैंगिक पुरुष

परिभाषा/अवधारणा/सन्दर्भ

"विशेषण उन लोगों का वर्णन करता है, जिनके स्थायी शारीरिक, रोमांटिक या भावनात्मक आकर्षण समान लिंग के लोगों के लिए हैं। कभी-कभी समलैंगिक महिलाओं के लिए पसन्दीदा शब्द होता है।" *(द सेंटर, एन.डी.)*

"जो लोग एक ही लिंग के प्रति आकर्षित होते हैं। मुख्य रूप से पुरुषों के लिए उपयोग किया जाता है, लेकिन इसमें महिलाएँ भी शामिल हैं।" *(डीबी, एनडी)*

उपयोग के उदाहरण

इस शब्द का प्रयोग अक्सर यौन अभिविन्यास को निर्देश करने के लिए किया जाता है–दूसरे शब्दों में, आप किसके प्रति आकर्षित होते हैं। *(कपलान, 2012)*

कुछ सांस्कृतिक सेटिंग्स में इस्तेमाल किया जाने वाला शब्द उन पुरुषों का प्रतिनिधित्व करता है, जो रोमांटिक, कामुक या भावनात्मक अर्थों में पुरुषों के प्रति आकर्षित होते हैं। 'समलैंगिक व्यवहार' में संलग्न सभी पुरुष समलैंगिक के रूप में पहचान नहीं करते हैं और इसलिए इस लेबल का उपयोग सावधानी के साथ किया जाना चाहिए। इस शब्द का प्रयोग आमतौर पर

एलजीबीटीक्यूआई समुदाय को निर्देश करने के लिए किया जाता है या किसी ऐसे व्यक्ति के लिए एक व्यक्तिगत पहचान लेबल के रूप में किया जाता है, जो विषमलैंगिक के रूप में पहचान नहीं करता है। *(ग्रीन और पीटरसन, 2015)*

उपयोग के लिए सावधानियाँ

शब्द आमतौर पर 'ट्रांसजेंडर' के साथ भ्रमित होता है। दोनों के बीच मूल अन्तर यह है कि 'समलैंगिक' शब्द का उपयोग यौन अभिविन्यास (जो आप यौन रूप से आकर्षित होते हैं) का वर्णन करने के लिए किया जाता है और 'ट्रांसजेंडर' शब्द का जेंडर पहचान (जो आप ख़ुद को महसूस करते हैं) के साथ करना है। *(कपलान, 2012)*

एक ही लिंग के दो लोगों के यौन सम्बन्ध रखने का कार्य उन्हें समलैंगिक नहीं बनाता है। समलैंगिक होना एक यौन अभिविन्यास है और यह एक जेंडर पहचान हो सकती है। कई पुरुष, जो पुरुषों के साथ यौन सम्बन्ध रखते हैं और जो महिलाएँ महिलाओं के साथ यौन सम्बन्ध रखती हैं, वे समलैंगिक होने के रूप में स्वयं की पहचान नहीं करते हैं और उनके विपरीत लिंग का जीवन साथी या साथी भी हो सकता है। ये पुरुष और महिलाएँ उभयलिंगी के रूप में स्वयं की पहचान नहीं कर सकते हैं। थोपी गयी पहचान के बजाय व्यवहार को निर्देश करना अधिक स्पष्ट है। *(आईपीपीएफ, 2011)*

कई समलैंगिक महिलाओं को लगता है कि 'समलैंगिक पुरुष' शब्द पुरुषों को अधिक निर्देश करता है और समलैंगिक महिलाओं की यौन पहचान और वास्तविकताओं को नज़रअन्दाज करता है *(आईपीपीएफ, 2011)*

किसी व्यक्ति को 'होमो', 'फाग', 'फगोट', 'डाइक', 'सोडोमाइट', 'विचलित', 'अव्यवस्थित', 'निष्क्रिय', 'रोगग्रस्त', 'विकृत" या 'विनाशकारी' कहना अपमानजनक हो सकता है।

समान लिंग के सदस्यों के प्रति आकर्षित लोगों का वर्णन करने के लिए समलैंगिक महिला या समलैंगिक पुरुष का उपयोग करना उचित है। ऐतिहासिक रूप से 'समलैंगिक' शब्द का प्रयोग समलैंगिक विरोधी उग्रवादियों द्वारा आक्रामक रूप से यह सुझाव देने के लिए किया जाता है कि समलैंगिक लोग किसी तरह से रोगग्रस्त हैं या मनोवैज्ञानिक या भावनात्मक रूप से अव्यवस्थित हैं। इस धारणा को 1970 के दशक में अमेरिकन साइकोलॉजिकल एसोसिएशन और अमेरिकन साइकियाट्रिक एसोसिएशन द्वारा निष्कासित किया गया था।

इस प्रकार सीधे उद्धरणों को छोड़कर 'समलैंगिक' शब्द का उपयोग करना अनुचित है। कृपया केवल 'समलैंगिक' शब्द के बार-बार उपयोग से बचने के लिए शैली भिन्नता के रूप में 'समलैंगिक' का उपयोग करने से बचें। एसोसिएटेड प्रेस, द न्यूयॉर्क टाइम्स और द वाशिंगटन पोस्ट ने 'समलैंगिक' शब्द के उपयोग को प्रतिबन्धित किया है, *(ग्लाड, एन.डी.)*

एलजीबीटी समानता के विरोधी अक्सर समलैंगिक लोगों के जीवन को पूरी तरह से यौन शर्तों से कम करके कलंकित करने के लिए 'समलैंगिक' जैसे शब्दों का उपयोग करते हैं। (एमएपी, 2017)

क्वियर

परिभाषा/अवधारणा/सन्दर्भ

'क्वियर' शब्द का अर्थ यौन, जेंडर अभिव्यक्ति और पहचान है, जो विषम परम्परा के अनुरूप नहीं है। इसे एलजीबीटीक्यूआईए+ की सीमा का विस्तार करने के लिए गढ़ा गया था।

एलजीबीटीक्यूआईए+ के विपरीत 'क्वियर' शब्द कामुकता और जेंडर से आगे बढ़ता है, जाति, नस्ल, धर्म और अन्य पहचान चिह्न के साथ उनके प्रतिच्छेदन को शामिल करता है। *(नारायण और भान 2005)*

उपयोग के उदाहरण

वकालत और सक्रियता के साथ-साथ अकादमिक और शोध में 'क्वियर' शब्द का प्रयोग किया जाता है। यह शब्द राजनीतिक अर्थों से भरा हुआ है, जो हमारे प्रमुख और आदर्शवादी विचारों को उलट देता है। कभी-कभी इसका उपयोग एलजीबीटीक्यूआईए के साथ एक दूसरे के स्थान पर किया जाता है, लेकिन 'क्वियर' किसी भी सार्वभौमिक प्रवृत्ति को प्रतिबन्धित करता है और पहचान के प्रतिच्छेदन पर ज़ोर देता है। *(नारायण और भान 2005)*

उदाहरण के लिए, क्वियर नारीवाद : नारीवाद का एक अध्ययन जो मुख्यधारा के नारीवादी विचारों की सीमाओं पर सवाल और

विस्तार करता है, जो पहले बहुसंख्यक समुदाय की विषमलैंगिक महिला पर केन्द्रित थे।

उपयोग के लिए सावधानियाँ

व्युत्पत्ति के अनुसार, 'क्वियर' शब्द का अर्थ 'विषम' या 'अजीब' है। यद्यपि व्यापक रूप से अकादमिक और सक्रियता में उपयोग किया जाता है, फिर भी अनुचित सन्दर्भ में उपयोग किये जाने पर शब्द में नकारात्मक अर्थ हो सकता है। इसलिए, 'सन्दर्भ' और 'यदि सन्देह है, तो पूछें' के सिद्धान्त को लागू करें।

क्लोज़िट

परिभाषा/अवधारणा/सन्दर्भ

'क्लोज़िट–एक व्यक्ति, जो अपनी (क्वियर) कामुकता या जेंडर पहचान के बारे में ख़ुद या दूसरों के लिए खुला नहीं है। यह पसन्द या अन्य कारणों से हो सकता है, जैसे किसी की सुरक्षा के लिए डर, सहकर्मी या परिवार की अस्वीकृति, अस्वीकृति या आवास या नौकरी की हानि आदि। इसे 'कोठरी में' होने के रूप में भी जाना जाता है। इस चुप्पी को तोड़ें, वे कोठरी से 'बाहर' आते हैं।" *(किलरमैन, 2013)*

उपयोग के उदाहरण

इस शब्द का प्रयोग एक समलैंगिक, उभयलिंगी, ट्रांसपर्सन या इंटरसेक्स व्यक्ति को निर्देश करने के लिए किया जाता है, जो अपने दोस्तों, परिवार, सहकर्मियों या समाज को अपने लिंग, कामुकता, यौन अभिविन्यास या जेंडर पहचान का पर्दाफ़ाश नहीं करेगा या नहीं कर सकता है। एक इंटरसेक्स व्यक्ति को उनकी स्थिति के बारे में अज्ञानता के कारण बन्द कर दिया जा सकता है, क्योंकि मानक चिकित्सा पद्धति 'सही' है, जब भी सम्भव हो, बचपन की शुरुआत में इंटरसेक्स की स्थिति और रोगी से चिकित्सा इतिहास को छिपाने के लिए। 'क्लाज़िट में' होने की अलग-अलग डिग्री हैं। उदाहरण के

लिए, एक व्यक्ति अपने सामाजिक जीवन में 'बाहर' हो सकता है, लेकिन काम पर या अपने परिवार के साथ 'क्लाज़िट में' हो सकता है। इसे 'डाउन-लो' या 'डी/एल' के रूप में भी जाना जाता है। *(ग्रीन एंड पीटरसन, 2015)* इसका उपयोग किसी ऐसे एलजीबीटीक्यू व्यक्ति का वर्णन करने के लिए भी किया जा सकता है, जिसने अपनी यौन अभिविन्यास या जेंडर पहचान का खुलासा नहीं किया है। (सावन्त, 2017)

उपयोग के लिए सावधानियाँ

अध्ययन से पता चलता है कि क्लाज़िट में होने से बाहर होने की तुलना में अवसाद की कम बाधाओं से जुड़ा हुआ है, जबकि हाल ही में बाहर होने से सामान्यीकृत चिन्ता विकार का अनुभव करने की उच्च बाधाओं से जुड़ा हुआ है। जब वे हाल में बाहर होते हैं, तो पुरुषों में प्रमुख अवसादग्रस्तता विकार की सम्भावना सबसे अधिक होती है। महिलाओं में क्लाज़िट में रहना हाल में बाहर होने की तुलना में अवसाद की उच्च बाधाओं से जुड़ा है। *(पचनकिस एट अल, 2015)*

इससे पता चलता है कि जो लोग या तो क्लाज़िट में हैं या बाहर हैं, वे तनाव में हैं और अधिक मानसिक स्वास्थ्य समस्याओं का अनुभव करते हैं। इसलिए लोगों को 'क्लाज़िट' कहना लोगों के लिए ख़तरनाक और अपमानजनक हो सकता है।

कौमार्य और कुँवारी

परिभाषा/अवधारणा/सन्दर्भ

'कौमार्य' शब्द की कोई सार्वभौमिक परिभाषा नहीं है–इसका अर्थ युग, क्षेत्र, संस्कृति और धर्म के अनुसार भिन्न होता है। शब्द 'कुँवारी' लैटिन मूल 'कन्या' से आया है, जिसका शाब्दिक अर्थ 'युवती' है, जिसकी व्याख्या एक युवा महिला के रूप में की जाती है, जिसने योनि सम्भोग नहीं किया है। कौमार्य की अवधारणा एक चिकित्सा या वैज्ञानिक शब्द नहीं है; बल्कि यह एक सामाजिक, सांस्कृतिक और धार्मिक निर्माण है।

जब तक शादी नहीं हो जाती, तब तक लड़कियों को 'कुँवारी' (सम्भोग से परहेज) रहना चाहिए, यह अनुपातहीन सामाजिक अपेक्षा महिला कामुकता की रूढ़ीवादी धारणाओं में निहित है, जो विश्व स्तर पर महिलाओं और लड़कियों के लिए हानिकारक रही हैं। *(डब्ल्यूएचओ, 2018)*

"कौमार्य की परिभाषा अत्यधिक प्रासंगिक है और विभिन्न सामाजिक कारकों उदाहरण, संस्कृति, यौन अभिविन्यास, लिंग, धर्म, जाति, वर्ग, पालन-पोषण और उम्र में निहित है। विविध परिभाषाओं में सामान्य सूत्र यह है कि 'कौमार्य को हमेशा इस रूप में परिभाषित किया जाता है कि यह क्या नहीं है ... कौमार्य इसलिए

है, क्योंकि यह समाप्त हो जाता है।' इस प्रकार कौमार्य एक हैरान करने वाला है।

समझने की अवधारणा, क्योंकि यह अनिवार्य रूप से इसकी अनुपस्थिति से परिभाषित और समझी जाती है। दूसरे शब्दों में जब हम कौमार्य की बात करते हैं, तब हम कौमार्य हानि की बात कर रहे होते हैं।" *(कॉर्लिस, 2017)*

उपयोग के उदाहरण

कौमार्य परीक्षण की अवधारणा, प्रक्रिया और आवश्यकता की व्याख्या करते समय इस शब्द का उपयोग किया जाता है।

परम्परागत रूप से अविवाहित लड़कियों पर कौमार्य परीक्षा की जाती है। अक्सर उनके गुण, सम्मान या सामाजिक मूल्य का आकलन करने के लिए बल, धमकी या जबरदस्ती के तहत। कई देशों में इसे बलात्कार के चिकित्सा मूल्यांकन के भाग के रूप में भी शामिल किया गया है। *(डब्ल्यूएचओ, 2018)*

कई समुदायों में इस शब्द का इस्तेमाल पवित्रता के आदर्श रूप को दिखाने या समझाने के लिए किया जाता है, क्योंकि वर्चस्व कायम है, जो महिलाओं पर सामाजिक नियन्त्रण के रूप में कौमार्य के महत्त्व में विश्वास रखता है। (एडिसन, 2010)

उपयोग के लिए सावधानियाँ

महिलाओं को शुद्धता के सन्दर्भ में लेबल करने के लिए 'कौमार्य' शब्द का प्रयोग अनुचित है। कौमार्य के बारे में पूछना व्यक्तियों और उनके परिवारों पर भारी दबाव डाल सकता है।

'कौमार्य' शब्द की अवधारणा और अनुचित उपयोग महिलाओं के भविष्य के यौन जीवन में एक प्रमुख निर्धारक की भूमिका निभा रहा है। *(नागपाल और राव, 2016)*

शोध के अनुसार, कौमार्य का दोहरा मापदण्ड है, जो पुरुषों की कौमार्य खोने के लिए प्रशंसा करता है और महिलाओं को 'आसान' या 'फूहड़' होने के लिए उपहास और अपमानित किया जाता है। उसे धमकाया जा सकता है, कैटकॉल किया जा सकता है या हमला भी किया जा सकता है। (थॉमसन, 2016)

कौमार्य के लिए ज़िम्मेदार सामाजिक अर्थ पारम्परिक जेंडर भूमिकाओं से जुड़ा है और लिंग के अनुसार बदलता रहता है। उदाहरण के लिए कौमार्य को अभी भी शुद्धता के एक महत्त्वपूर्ण संकेतक के रूप में देखा जाता है। (पारला, 2001)

शोधकर्ताओं ने यह भी संकेत दिया है कि महिलाओं की तुलना में पुरुषों में हस्तमैथुन और विवाह पूर्व सम्भोग की दर बहुत अधिक है। इस खोज को विभिन्न संस्कृतियों से जुड़े कई अध्ययनों में दिखाया गया है। यह महिलाओं को विवाह पूर्व सम्भोग करने से रोकने के दोहरे मानक के कारण हो सकता है। (ईसिज़ोलु एट अल, 2011)

क्विंट की रिपोर्ट के अनुसार, शादी की रात, अहमदनगर में एक 20 वर्षीय महिला का "कौमार्य परीक्षण" किया गया। जाति पंचायत के सदस्य कमरे के बाहर खड़े थे, जबकि उनके नये पति ने एक सफ़ेद चादर पर उनके साथ सम्भोग किया था। महाराष्ट्र में कंजरभाट समुदाय के लिए यह एक आम बात है।

ख़ून के धब्बे के लिए परिवार और पंचायत द्वारा बेडशीट का निरीक्षण किया जाता है। जब उसने ख़ून नहीं बहाया, तो यह मान लिया गया कि वह कुँवारी नहीं है और इसलिए 'क्षतिग्रस्त सामान' है। पंचायत ने बाद में उस व्यक्ति को शादी खत्म करने का आदेश दिया।

जैसा कि क्विंट में बताया गया है, 'वर्जिनिटी रिस्टोरेशन' एक तेज़ी से बढ़ता उद्योग है, क्योंकि हज़ारों की संख्या में दहशत से

त्रस्त महिलाएँ अपने हाइमन को वापस बोने के लिए दुनिया भर की क्लीनिकों में आती हैं।

भारत, मध्य पूर्व और यहाँ तक कि पश्चिम सहित कई संस्कृतियों में विवाह पूर्व यौन सम्बन्ध को केवल नीचा नहीं देखा जाता है, बल्कि यह पारिवारिक सम्मान का मामला है। अगर पता चला तो महिलाएँ अपनी जान भी दे सकती हैं। (कृष्णन, 2016)

उपरोक्त अध्ययन और शोध 'कुँवारी' या 'कौमार्य' शब्द का शिथिल रूप से उपयोग करने के परिणामों का सुझाव देते हैं और घातक परिणामों को ऊपरी सतह पर लाते हैं।

❑❑❑